0123 発達と保育

――年齢から読み解く子どもの世界――

松本博雄/常田美穂/川田 学/赤木和重 著

ミネルヴァ書房

はじめに：本書を手にとられたみなさんへ

■本書のねらい

　本書の執筆者である4名は，いくつかの共通点をもっています。それは，全員が30代の，乳幼児期の子どもの発達，保育そして子育てに関わる問題に学術的観点から取り組んでいる発達心理学者である……こともですが，何より4人それぞれが，自らも乳幼児の子育ての只中にある保護者の1人でもある，ということです。

　子どもの姿は今日と明日で異なると言われます。また，一人ひとりの子どもの姿は異なるともよく言われます。さらには，子どもは発達の教科書どおりに育つわけではないと言われます。私たち自身，子育てをするなかで，これらのどの言説もそのとおりだと実感させられることがしばしばです。それでもなお，私たち4人は今回，本書に次のような願いを託してまとめました。それは，このように一見混沌としているように思える0～3歳児の生活を，「発達」という観点から体系的に描くことで，今，この時期の子どもを前に奮闘中の保育・子育て現場の専門職のみなさん，この時期の子どものことを学びたいと思っている学生のみなさん，そして私たち同様に，目の前の我が子の姿に泣かされ，そして笑顔をもらっている保護者のみなさんを，理論的そして実践的にサポートしつつ，ともに考えるための1冊を提供することが可能ではないかという願いです。

　このことをふまえ，本書は次の2点から，すでに数多く出版されている「発達」や「保育」「子育て」に関する書籍との差異化をはかることを試みました。その1つは，自らの子育て経験を一般化して示す「エッセー」や「アドヴァイス」と一線を画し，わかりやすさを念頭に置きつつもあくまで学術的な水準からの記述を心がけた点です。またもう1つは，領域別に発達心理学の研究成果

を記述したり，模範的な乳幼児保育実践をマニュアル的に記述するのではなく，保育者が現場で具体的な手立てを考えるにあたっての手がかりとなったり，子育て中の父母が共感的に理解できたりするような記述を心がけたことです。

■本書をまとめるうえで

以上のねらいを達成するために，本書は執筆するうえでの具体的な柱として，次の3点を置くこととしました。

1点目は，子どもの姿とその発達を記述するうえで「年齢」を軸としたことです。

発達研究が年齢を1つの軸として子どもを描き始めてからの歴史は，たかだか100年程度にすぎません。一方，年齢に基づき「○歳になると××できる」と子どもの特徴を描く試みは子どもを固定的な姿として捉えすぎである，という批判は，発達心理学の領域内でここ20年ほどの間に繰り返し提起されてきました。発達研究の舞台において，年齢を捉えつつ発達を描こうという試みはすでに表舞台から去った感さえあります。

そのような状況をふまえつつ，私たちがなぜ，あえて年齢を軸に子どもを描こうとするか。その理由の1つは，私たちが本書を，発達研究の成果をまとめたテキストとしてではなく，発達研究と0〜3歳児の保育，乳児期から幼児期にかけての子育てを切り結ぶために書こうと意図したからです。

たとえば，母子健康手帳に年齢ごとの子どもの姿が記述されているように，今の私たちの社会で「年齢」という概念を避けて子どもを育てることは不可能です。「○歳になると××できる」という形で年齢を意識し，それを絶対的な基準としてその出来・不出来を過剰に気にすることがあるとすれば，それは確かに年齢の負の側面と言うべきものでしょう。しかしそれは，年齢の一面的な理解にすぎないかもしれません。年齢を軸にした発達の記述とは，そもそも「○歳になると××できる」という形でしか描けないものなのでしょうか。もう少し言えば，発達研究は，今の私たちのこの社会で「年齢」が機能している現実と正面から向き合ったうえで，その代わりとなりうる有効な軸を提示して

きたでしょうか。私たちは発達研究者の一員として，改めて「年齢」を正面に据えることで，この時期の子どもたちの保育・子育てに対して「年齢」という見方がもつ可能性と限界を，これまでと異なる形で描き出すことに挑戦したいと思っています。

　2点目は，保育実践現場でのエピソードと，発達研究の成果を織り交ぜることで，科学的・学術的な理解を軸とした子ども像を，保育や子育てとの関係で具体的に描き出そうとしたことです。

　発達研究，特に乳児期の発達研究においては，ここ四半世紀ほどで「赤ちゃん学革命」と名づけられるほどの劇的な変化が起こっています。一方，社会的な必要性から近年クローズアップされてきた乳児保育ですが，実は我が国には，すでにおよそ半世紀の乳児保育実践の豊かな蓄積があります。しかしながらその両者の成果が有機的に交わることは，これまで決して多くなかったものと思います。単に発達研究の成果を具体的なエピソードを付して紹介するのではなく，両者の成果を結びつける試みは，乳児期を中心とした保育の専門性の向上はもちろん，日本オリジナルの乳児期の発達研究を世界へ発信していくことにもつながっていくはずです。

　3点目は，乳幼児期の子どもたちの保育や子育てに携わるにあたっての，未来に向けての価値を積極的に語ろうとしたことです。

　「発達」という概念を規定していくことは，思った以上にやっかいなものかもしれません。それは「標準的な発達とは××」という1つのきれいな型に定められるものではなく，多様な価値判断を含みつつ定められざるをえないものだからでしょう。そのような「発達」を実現する手立てである保育や子育てにおける働きかけは，当然のことながら「この先どんな子どもに／大人になってほしいか？」ということ，言いかえれば「(育てたい)子ども像」や「人間観」の問題を抜きにしては語れません。もちろん，保育や子育てとは，大人の願いどおり子どもを育てるという営みではありませんし，そもそもそうはなりえないところに人間発達の本質が隠されているとも言えます。私たちは発達研究者の一員として，また，今，同時に乳幼児の子育てに携わる大人の1人として，

ただ単に子どものエピソードを年齢別に並べるのではなく，そのようなエピソードに現れる子どもの姿を理解した時，子どもへの働きかけがどのように豊かなものとなりうるか．大人の願いと子どもの願いが交錯した結果はじめて立ち上がるストーリーとして，0～3歳の子どもの発達の世界を描くことにチャレンジしたいと思います．

■ 本書の内容

　本書は，「保育・子育ての今――私たちの『発達』を見る視点」として，発達や子ども，保育，子育てについての全体的な問題提起としての序章，本書の中心部分として，0～3歳の子どもの姿を描いた第1章～第4章，それらを受け，「これからの保育・子育て」として，未来に向けての展望をまとめた終章から構成されます．このうち，第1章「『ぼくだれかしらない　でもぼくいる』――0歳児の世界をさぐる」では，誕生からおよそ1歳半まで，第2章「きみに生まれてきてよかったね――1歳児の世界をさぐる」では，9，10ヵ月頃からおよそ2歳半までの姿が述べられています．さらに第3章「ボクはボクである　でもけっこうテキトウ――2歳児の世界をさぐる」では，およそ1歳半から3歳頃まで，第4章「そばにいたきみから　ひとりで歩むきみへ――3歳児の世界をさぐる」では，およそ2歳半から3歳台を経て4歳の手前までの姿が描写されており，本書全体で，保育所におけるいわゆる2歳児クラスまでの年齢期をカヴァーしています（図参照）．それぞれの章には0歳児，1歳児……というタイトルが付されていますが，実際にはそこで示された範囲を越えて，その結果各章で記述される年齢期が一部重なる形で，子どもの姿が論じられているのが本書の大きな特徴です．

　一般に保育や子育ての場で子どもの姿を理解しようとする時，私たちはその姿を「年齢」によって横断的に輪切りにして捉えるのではなく，個々の子どもを見つめながら，時間に沿った縦断的な流れのなかで捉えようとすることが多いのではないかと思います．その結果，たとえば同じ「1歳半の子ども」であっても，0歳からの到達点として"1歳半"を見つめるのか，その時期を中心

はじめに

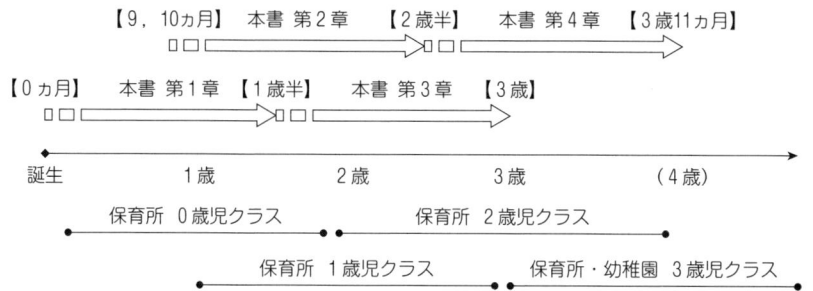

図　本書第1章〜第4章にて描かれる年齢期と，保育所・幼稚園のクラス在籍年齢との関係

に捉えるのか，または2歳台への出発点としてそれを位置づけるのかによって，実際に目につく姿は異なることでしょう。またその姿は，家族のなかで現れたものなのか，保育の場で友だちとともに過ごすなかで現れたものなのかという，子どもが過ごす場のありよう，さらにはその子どもを理解しようとする大人の立ち位置やまなざしによって変わってくるかもしれません。

　本書においても，各章を比較していただくことで，同じ年齢が異なる特徴をもって描かれている箇所が見られることと思います。さらに章と章の間には，各年齢間を結びつけるリングとして，現役保育者によるコラムを挿入しました。「年齢」という基本的な軸を置きつつ，多様かつ豊かな0〜3歳児の世界を味わっていただければ幸いです。

　子どもはただ「大きくなる」のではなく，大人のまなざしに支えられて可能性としての発達を結実させていきます。そして，大人もまた，そのような子どもの姿を糧に自らの子ども観を発達させていくことができるのでしょう。人が人を育てる営みである保育，そして子育てをより豊かなものにするために，そして子どもたちと，それを支えるみなさんが，今日より明日，ちょっぴりよい気分で目覚めることができるために，本書が少しでも貢献できれば，執筆者一同とてもうれしく思います。

2012年8月

著者を代表して　松本博雄

目　次

はじめに：本書を手にとられたみなさんへ

序　章　保育・子育ての今　　1
私たちの「発達」を見る視点

1　子育ての世代間ギャップ……………………………………… 3
2　専門的知識は何のため？……………………………………… 4
3　「思い出せない時代」へのまなざし………………………… 6
4　発達をどう見るか……………………………………………… 7
5　例としての「反抗期」………………………………………… 8
6　子どもをよく「見る」こと………………………………… 12
7　発達心理学：ミステリーのような，あるいは「おやつ」のような…… 14

第1章　「ぼくだれかしらない　でもぼくいる」　　17
0歳児の世界をさぐる

1　0歳児とはどんな時期？：ここに現れ，共に感じる……… 19
　　（1）赤ちゃんとの生活　19
　　（2）赤ちゃんの「存在感」　21
　　（3）眠って，泣いて，ウンチして　24
　　（4）つられることの強味と限界　26
　　（5）存在感2.0　29
2　0歳児を成り立たせているもの…………………………… 32
　　（1）その子らしさの起源　32
　　（2）眠るヒト・動くヒト　34
　　（3）関係を結ぶということ　37
　　（4）コーキシンよ，どこまでも　40

（5）「他者」になりつつ「自己」になる　48

3　0歳児を豊かに生きるために………………………………………… 57
　　　（1）応答的な環境とは何か　58
　　　（2）10mを1時間かけてみる　63
　　　（3）子どもたちが望むものは　65

　　学びのガイド　70
　　Column　0歳から1歳へ　72

第2章　きみに生まれてきてよかったね　75
1歳児の世界をさぐる

1　1歳児とはどんな時期？：かわいいけれどかわいくない……………… 77
　　　（1）1歳児が一番かわいい　77
　　　（2）気持ちが伝わり始める　79
　　　（3）物に気持ちを乗せる　81
　　　（4）道具を使う　82
　　　（5）ヒトに独特な「まね」の仕方　84
　　　（6）相手の心がわかり始める　85
　　　（7）生活の見通しとことばの理解　87
　　　（8）今，ここにないものをイメージして動く　89
　　　（9）友だちと関わり始める　91
　　　(10)　1歳児はかわいい，でも大変だ！　93

2　1歳児の姿はなぜ生まれるのか……………………………………… 95
　　　（1）移動運動機能の発達と自我の芽ばえ　95
　　　（2）表象能力の発達　100
　　　（3）融即と言語コミュニケーションの間で　103

3　1歳児を育てる………………………………………………………… 109
　　　（1）子どもを受け止めるってどういうこと？　109
　　　（2）子どもの思いと大人の思いがすれ違う時　113
　　　（3）キャッチボールができる距離で　115

学びのガイド　*116*
　　　Column　1歳から2歳へ　*118*

第3章　ボクはボクである　でもけっこうテキトウ　*121*

2歳児の世界をさぐる

1　2歳児とはどんな時期？：おそろしいけれど素敵 …………………… *123*
　　　（1）terrible twos：おそろしい2歳児　*123*
　　　（2）terrific twos：意味を動かす素敵な2歳児　*126*

2　2歳児の発達を知る ……………………………………………………… *129*
　　　（1）terrible の背景にある自我の発達　*129*
　　　（2）terrific を可能にする表象の発達　*137*

3　2歳児の保育・子育て …………………………………………………… *148*
　　　（1）反抗期（「イヤ」）への理解と対応　*148*
　　　（2）遊び：一緒に意味をコロコロ変えていく　*153*
　　　（3）ボクはボクである　でもけっこうテキトウ　*155*

　　　学びのガイド　*156*
　　　Column　2歳から3歳へ　*158*

第4章　そばにいたきみから　ひとりで歩むきみへ　*161*

3歳児の世界をさぐる

1　3歳児とはどんな時期？：自立へ踏み出し，未来に向かう …………… *163*
　　　（1）「3歳だからできるよ！」　*163*
　　　（2）自立へ踏み出す3歳児　*165*
　　　（3）未来へ踏み出す3歳児　*167*

2　3歳児の姿が芽ばえるしくみ …………………………………………… *170*
　　　（1）「表象」の定着　*170*
　　　（2）「話しことば」の展開　*177*
　　　（3）「行動調整」の難しさゆえに　*182*

3　3歳児の生活を支えるために……………………………………………… 186
　　（1）「続き」を保障する：子どもの選択を尊重するために　186
　　（2）「悪いことば」を問い直す：ことば足らずの時期だからこそ　190
　　（3）「台本」「道具」のある環境を：「一緒」の喜びを味わうために　193
　　（4）ひとりで歩む「きみ」へ　196

　　学びのガイド　198

終　章　これからの保育・子育て　201

1　「よりよく育てる」ということの罠 …………………………………… 203
　　（1）子育ての基準を求めてしまう大人　203
　　（2）努力目標としての子どもの発達　203
　　（3）子どもがやろうとしていること　205
　　（4）それぞれの子どもにそれぞれの発達のストーリーがある　210
2　0・1・2・3歳の発達をこう読む ……………………………………… 211
　　（1）乳児期の子どもの発達：「我」が生まれるプロセス　211
　　（2）乳児期の大人と子どもの関係　215

おわりに：研究者として，親として　221
索　　引　223

序章
保育・子育ての今
私たちの「発達」を見る視点

そのまなざしの向こうに，どんな未来をつくり出せるのだろう

序　章　保育・子育ての今

① 子育ての世代間ギャップ

　子どもを育てることに悩みや戸惑いはつきものです。昔には昔の，現代には現代の，それぞれに与えられた環境と切り離せない苦労があるのでしょう。そして，悩み多き営みだからこそ，育ちゆく小さな命と共に生きることは，私たちにかけがえのない喜びをもたらしてくれると思うのです。本章では，保育・子育てと子どもの発達をいくぶんかつないで考えてみるための，若干の視点を提供できたらと思います。

　数年前に「育児の世代間ギャップ」という新聞記事がありました（2007年8月5日と12日；毎日新聞・東京・朝刊）。子育て（孫育て）について，親世代と祖父母世代に様々な葛藤が生じている様子がわかる記事でした。たとえば，抱き癖の是非，母乳かミルクか，紙オムツか布オムツか，離乳や排泄の自律（自立）の時期などは，世代間で考え方の違いが浮き彫りになりやすいもののようです。なぜ，このような世代間ギャップが生じるのでしょうか。

　私たちの子育ては，環境の諸条件と深く関連しています。環境には，人的環境，物的環境，時間的環境等がありますが，知識環境も見逃すことができません。かつて，村落共同体のなかで人が一生を終えるような時代には，子育てや子どもの発達に関する知識は先行世代から直接伝えられたり，地域の伝統的な行事によって規定されたりしていたものと思われます。そういう社会では，情報の伝達経路が限定されており，基本的に世代間で伝わるため，知識そのもののズレは生じにくいでしょう。もちろん，子どもも家族の条件も多様ですから，たとえば実際に離乳をいつ頃どのように達成するかについて，様々な葛藤があったことも想像できます。ただ，「いつ頃どのように離乳すべきか」に関する知識は，ある程度世代を超えて共有されていたのではないかと推測します。

　現代日本社会はどうでしょうか。先の新聞記事から垣間見えることは，世代間葛藤の種が「知識そのものの非共有」にあるということです。つまり，実践の前に，前提となる知識（信念，常識と換言可）のレベルでズレが生じている

のです。祖父母世代との知識のズレによる葛藤を解消するために，記事の根拠とされた調査において，多くの母親が権威の力を借りた説得を行うと答えたそうです。つまり，「お医者さんが言っていた」や「保育士さんが言っていた」というように，いわゆる専門家をもち出して祖父母を説得するのです。

現在の祖父母世代は，第二次世界大戦後に厚生省（当時）の指導の下で，科学的育児が奨励された時代に子育てを行ってきた世代です。同時に，『スポック博士の育児書』[1]に代表されるような，アメリカ的な子育てが流行した時代でもあります。日本各地の伝統的な子育ての知識や技術と，科学的・アメリカ的な知識や技術とがないまぜになって，子育てにおける「正解」をめぐる混乱があったものと思われます。おそらくその時代にも，祖父母世代を説き伏せるために「科学」や「アメリカ」を背景とした権威づけられた知識がもち出されたに違いありません。

② 専門的知識は何のため？

しかしながら，現在の祖父母世代が指導された内容には，今日すでに変更されたものも少なくありません。厚生労働省（厚生省）が発行する母子健康手帳（母子手帳）における記述の改正が象徴的です。「抱き癖」を例にとると，1955年頃には「泣いてもすぐにお乳を与えたり，抱いたり，おぶったりするのはよくない」，1970年頃には「小さい時から添い寝などはせず，ひとり寝の習慣をつける」とありますが，現在の作成例では「1～2か月頃の赤ちゃんが，おむつのよごれ，空腹以外で泣いたりぐずっている時は，だっこして十分なだめてあげましょう。この時期では，赤ちゃんはお母さんに抱かれると安心して泣き止むわけで，抱きぐせがつくと心配しなくてもよいのです」となっています。

離乳の目安も，以前は「1歳頃」であったものが，現在では「18カ月頃」と

▷1　スポック, B., 高津忠夫（監修）暮らしの手帖翻訳グループ（訳）(1966). スポック博士の育児書. 暮らしの手帖社.

記載されています。たかが半年とも言えますが，実際に子育てに当たれば，1歳なりたてと1歳半との発達上の違いは決して小さくないことに気づくはずです。離乳というストレスフルな実践を，1歳を目安に進めるか，1歳半（あるいはそれ以降）を目安に進めるかは，養育者にとって重要な問題です。

　これらの権威づけられた知識環境の変化は，科学的知識の刷新と対応している部分もありますが，社会経済的環境の構造変動にともなう政治的な判断を含んでいる場合も少なくないでしょう。3歳児神話は，重厚長大産業の発展が求められた戦後復興期〜高度経済成長期に流布した信念で，これが声高に語られる時代には「3歳までは母の手で」を正当化する知見に焦点が当てられました。一方，低成長／男女共同参画時代に突入した現代では"イクメン"が求められ，子どもの発達における男親の役割に関するポジティブなデータに注目が集まっています。

　なんとも大人のご都合主義，あるいは経済本意主義にも見える変遷ですが，こうした子育てにおける揺れ動きはそれほど不思議なことではないと考えます。おそらく，人間の子育てには正解がないのです。正解がないというのは，私たちを不安にもしますが，別の観点から考えると環境への柔軟な適応性の証でもあると思うのです。もし，唯一の正解があったとしたら，人間はそれに固執してしまうでしょう。環境との折り合いがついているうちはよいですが，社会や自然環境の変化が起こると，対応できなくなる可能性もあります。私たち人間は，どのような環境でも子どもをある程度の幅で健全に育てるための柔軟性と引きかえに，子育ての悩みというものを引き受けたのかもしれません。

　子育ての悩みは人間にとって本質的で，付き合っていかざるを得ないものです。だからこそ，自分たちの置かれた状況と折り合う考え方（納得の基準）を探し求めるのだと思います。科学や専門家の意見は，私たちに考えるための材料を与えてくれるものにすぎません。どう考え，どう判断し，どう実践するか

▷2　3歳児神話：子どもが健全に成長・発達するためには，3歳までは母親が専従して子育てに当たらなければならないという信念のこと。詳細は第1章（p.59.▷38）を参照。

は，いつも私たち自身の手に委ねられているはずです。自分の経験や知識を過度に一般化せず，それぞれ置かれた環境のなかで子どもと養育者・保育者が共に健やかに生活し，人生を謳歌できるためのよりよい選択肢を模索する以外にないように思われます。その時，もし周囲や地域の人々と，その選択肢をある程度納得して共有できたなら，私たちは子育ての次の一歩を，力強く踏み出すことができるのではないでしょうか。

③　「思い出せない時代」へのまなざし

　思い出すことのできるもっとも古い記憶は，何歳頃のどういう記憶でしょうか。発達心理学では，これを最初期記憶と呼びます。最初期記憶として取り上げられる年齢でもっとも多いのは3～4歳だと言われています。ただ，大学で多くの学生に最初期記憶を聞いてみると，100人いれば数人は2歳台の記憶を答える人がいますし，なかには1歳台の記憶を保持しているような人もいます。最初期記憶の内容は，下の子の誕生や自分・親族の入院といった，家族にとって比較的大きなライフイベントが目立つので，本人自身が純粋に保持している記憶なのか，後々の再構成（たとえば，親から過去の話を聞いたり，アルバムを見たりすること）によるのか判別しにくい場合も少なくないでしょう。しかし，日常の何気ないシーンの記憶を語る人も多いことを考えると，すべてが再構成というわけでもなさそうです。

　一方で，0歳の記憶を語る人とは会ったことがありません。時にテレビなどで，誕生時の記憶をありありと語る人が出てきたりしますが，実証研究として根拠のあるものとは言えません。最新の発達研究では，記憶機能が胎児期においてすでに認められることが明らかになっていますが，それらは表象（イメージ）や言語で表現される記憶とは異なるモードだと考えられます。

　私たちはみな，確かに0，1，2，3歳を生きていたはずなのですが，思い出せるのはごくわずかです。毎日献身的に世話をし，遊び，経験を共有してきたはずの担当保育士の顔を，子どもたちはいつか思い出せなくなっていくので

す。ある子どものために心血を注いだ日々を，大人はそれなりに覚えています。ですから，その子に久しぶりに会った時，自分のことを忘れたと言われると少々寂しい気持ちになるものです。後年覚えていないような時期の経験に，どれほどの意味があるのだろうかと考えてしまうこともあるかもしれません。いや，そうは言っても，私たちはみな「思い出せない時代」をくぐりぬけて今を生きているのだから，その経験が無意味なはずはないと思ったりもするでしょう。

　こうした問いが，すでに発達研究への扉を開いています。私たちは，思い出せない時代をどう生き，何を経験し，どうやって後につながる「発達」を遂げてきたのでしょうか。その1つのストーリーが，後の章で詳しく述べられています。各章に進む前に，そもそも「発達」というものをどう考えればよいのか，少し寄り道してみましょう。

④　発達をどう見るか

　手近な辞典類で「発達」の項を引けば，対応する英語は development とされていると思います。development は，「否定」を意味する de- と「包む」を意味する envelopment から成っています。つまり，何か包まれていたものが出てくる／引き出されるという意味でしょう。一方，development には「現像」という意味もあります。最近はデジタルカメラ全盛で，あまりフィルムを使うことがなくなってしまいましたが，ネガを現像液などの環境と接触させてポジにする，といえばよりわかりやすいイメージかもしれません。子どもの発達は，何にも無いところから始まるわけではなく，その子らしさの原型は出生（あるいは受胎）と共にある，しかし，それがどのように社会のなかで現れるかは，環境との関係で決まってくる，ということになるでしょう。

　歴史的に見ると，日本における発達概念は development とはかなり異なる内容をもっていました。日本では，「発達（發達）」ということばは江戸時代に中国から輸入され，成人男性の立身出世を意味することばとして用いられてい

たそうです。「発達」が，現在と同じように development に対応するようになったのは，明治期に入ってからのことだと言われています。しかし，帝国主義と富国強兵を進める明治政府は，内なる素質の開花を意味する development とは真逆のような官用語として「発達」を用いました。すなわち，帝国臣民として滅私奉公を尽くすことを，「発達」と呼んだのです。

　発達概念の変遷は，単に定義上の問題ではなく，国家や人々が子どもや子育てをどう考え，何を重視し，どう実践するかと密接に関わっていたと考えられます。「発達」は，それほど安定した概念ではなく，時代や環境によって様々に解釈されてきたのです。何かが発生したとか，到達したとかいう事柄は，黙っていても見えるようなものではなく，多かれ少なかれ「子ども（発達）をどう見るか」という外側からの視点に依存しているものです。

5　例としての「反抗期」

　少し具体的な例をあげてみたいと思います。幼児を育てている養育者や保育者の間で頻繁に使われることばに，「第一反抗期」や「イヤイヤ期」があります。英語圏では"negativism（拒否主義）"とか，"terrible twos（おそろしい2歳児）"と呼ばれます。ちょうど2歳から3歳頃，幼児たちが大人の指示に対して「イヤ！」や「ジブンデ！」と言って返す姿が典型的です。私たちは反抗期の存在を自明のものだと思っていますし，発達心理学の教科書にも載っています。養育者同士の会話では，「そろそろイヤイヤ期かなぁ」というように，我が子も通るべき道であると予測されてもいます。しかし，本当に第一反抗期は発達に必然的な現象なのでしょうか？

▷3　田中昌人（1988）．わが国における発達の概念の生成について(1)——江戸時代における成人男子にたいする「發達」の概念の使用と子育てにみられる成長概念の成立．人間発達研究所紀要, **2**, 2-30．
▷4　前田晶子（2010）．子どもの育ちの「不確かさ」と向き合う発達観——日本の発達研究の歴史から．現代と保育, **77**, 72-77．
▷5　田中昌人（1996）．発達研究への志．萌文社．

アメリカの発達心理学者ロゴフ（Rogoff, B.）によれば，世界の多くのコミュニティでは2歳児をそんなふうに「いこじで拒絶的」であるとは見ていないし，予測もされていないそうです。2歳児を反抗期とする見方は，中産階級ヨーロッパ系アメリカ人を典型とする先進諸国の発達観を表したものだと言うのです。こうした文化間の違いは，子どもの生活と社会的地位の与えられ方によって生み出されている側面が大きいようです。

ロゴフが取り上げる中南米やアフリカのコミュニティでは，3歳から5歳の幼児が刃物と火を使って調理をし，より幼い子に食べさせることは，彼らに期待されるふつうの発達です。2歳児は，「赤ちゃん」として世話される地位から，「子ども」として赤ちゃんを世話する地位に移行していく段階にあり，自立に向けた行動が抑制されるよりもむしろ奨励される年齢として理解されます。

つまり，移動運動能力や手指の巧緻性，言語等の社会的スキルを備えて自立に踏み出す2歳児は，すでに次世代の世話という形でコミュニティに対する責任を果たしつつある存在として期待されているのです。そのような環境では，拒否自体を目的としたような「イヤイヤ」をあまりする必要もないでしょうし，また大人の方も「拒絶的」とか「反抗的」とは異なる観点で2歳児を見ようとするのでしょう。

2歳児を「反抗的」にしてしまう理由には，中間集団の縮減という要因も考えられます。中間集団というのは，個人や家族のような小さな集団単位と自治体や国家のような大きな集団単位の中間に位置する集団のことです。地域の子ども集団や老人会，趣味のサークルなどが典型的です。

2，3歳頃の子どもは，身辺自立も進んで自分自身の有能性に気づき始める時期だと言えます。養育者の手元を離れ，より広い世界に好奇心が向けられていきます。したがって，迷子や事故も増えてくることになります。このような子どもたちのリスクを低減し，その学習意欲を効果的に満たすことができるのは，身近な中間集団としての異年齢集団です。

▷6　ロゴフ, B., 當眞千賀子（訳）(2006). 文化的営みとしての発達. 新曜社.

写真序-1　幼児と児童の異年齢集団
注：昭和28年の秋田にて写真家の土門拳が撮影したもの（原題「切株」）。
写真提供：土門拳記念館。

　大人はつい，成長のために必要な細かいリスクまで先回りして取り除いてしまったり，行動の予測をしすぎて過度な制止をしてしまったりしがちです。これに対し，年長の子どもたちがもっている注意力の方がより適度である場合があります（写真序-1）。重大なリスクは見逃さないが，少々のことは適当に無視するというあんばいが，2，3歳の子どもの成長をじょうずに促すことがあるように思われるのです。

　もうひとつ考えなければいけないことは，そもそも「反抗期」という概念自体が，日本社会でいつ頃から一般に使われ出したのかということです。明治維新後に渡日してきた欧米人は，日本の大人が子どもたちを極めて寛容に遇することに驚き，世界中でもっとも子どもが大切にされる文化として評価したと言われています。日本の大人は子どもたちが少々いたずらをしてもとがめず，それをニコニコして見ていることさえある。祭りや遠足など，子どもたちのため

▷7　明治期の庶民の暮らしや子どもの生活については，以下の文献が参考になる。
　　・モース，E. S., 石川欣一（訳）(1970〜1971). 日本その日その日 1〜3. 平凡社.
　　・小西四郎・岡秀行（編）(2005). 百年前の日本――モースコレクション（写真編）. 小学館.

序　章　保育・子育ての今

写真序-2　乳児をおんぶする児童

注：昭和27年の富士忍野にて写真家の木村伊兵衛が撮影したもの（原題「富士忍野27.2.10」）。
出所：田沼武能（編）(1995). 木村伊兵衛　昭和を写すⅠ　戦前と戦後. 筑摩書房. p.140.

の行事を考えることを楽しみにしている。日常の手仕事について，特に厳しく訓練しているようにも見えないのに，子どもたちはいつの間にか習得している。しつけのない放任主義や甘やかしであると見えるのに，日本の子どもほど親や老人を敬う文化もない。当時の欧米人の目に映った日本の子育て風景を考えると，反抗期なることばや概念が開国期に存在していたとは考えにくいように思われます。

　第一反抗期だけではなく，第二反抗期と呼ばれる思春期の現象も，比較的最近になって私たちが「標準的な発達」のなかに組み入れたものだと考えられます。写真序-2のように，つい数十年前まで，10代前半は下の子の世話を十全に任される，責任ある社会的地位を与えられていたのです。そして，間もなく，地域のなかで元服を迎えて，文化的には大人の仲間入りをすることになります。そうした社会的環境で，果たして「反抗期」が存在する意味はあるでしょうか。

　このように考えると，私たちが当然視している子どもの姿も，実は大人たちの発達観や社会的環境，そして発達の予測の仕方に影響されているものが少なくないのかもしれません。いつの間にか，「子どもの自然な発達として当たり

11

前」と思い込んでしまい，その予測に従って，私たちは「反抗期は大変だけど発達のためには必要」とか，それが反転して「反抗期のない子どもは心配ではないか」といった発達不安を喚起したりしているのかもしれません。仮に，ある条件下で「反抗期は正常な発達のしるし」だとしても，だからといって「反抗期がないと正常に発達しない」とは言えないのです。「イヤイヤ」をあまり言わない子どももいるでしょうが，それは気質や性格ということもあれば，自立への欲求を受け止めてもらえる環境があったからということも考えられます。もちろん，なかには環境要因によって言動が抑圧されているためという場合もあるでしょう。「反抗期」は実在するものというよりも，ある条件下でそのような現れ方をする，1つの現象なのだと思われます。

⑥　子どもをよく「見る」こと

　ある行動が「ある」とか「ない」とか，ことばが「でた」とか「でない」とか，個々の表面的な事柄を発達だと捉える見方は十分ではありません。子どもの育とうとする力は，環境との間で揺れ動きながら，色々な仕方で芽を出します。その芽が何の芽であるのか，なぜそのような形で芽が出たのか，土のなかで何とつながっているのか，どうして今芽吹いたのか，自分はなぜその芽に注目するのか。子どもを発達的に見るということは，専門家が定めた標準に子どもを当てはめるということでは決してありません。子どもを固定的に理解しないこと，慣れ親しんだ（下手をすると自分にとって都合の良い）見方で安易にわかった気にならないことが大切だと思うのです。「子どもがわからない」と感じることは，必ずしもマイナスではなく，むしろ子どもを発達的に見る最初のステップではないでしょうか。逆に，「わかりやすい説明」で納得してしまった時，発達的な視点は弱っていくのかもしれません。

　時間と格闘するような毎日を送っていると，穏やかな心もちで子どもを「見る」ことはなかなか難しいかもしれません。しかし，発達というものが，特定の観点や予測によって顕わになる面があることを考えると，「見る」という実

践はとても大切であるように思うのです。自己評価や説明責任が声高に求められる時代なので，私たちはつい目的優先の実践をしてしまいがちです。「○○を育てることを目的として……」とか「△△の取り組みを行った結果……」というような思考方法を取れば，大人の視点は安定して楽かもしれません。一方で，そうした観点は，あらかじめ定めた目的に照らして子どもを評価するので，ややもすると予定調和的な子ども理解・発達理解に陥る危険性をはらんでいます。つまり，目的にとって都合の良い部分を過大評価し，都合の悪い部分を過小評価するような「つじつま合わせ」の心理が働くということです。

子どもの振る舞いは予測できることもありますが，思いがけない出来事やどう評価したらよいかわらないこともしばしば起こります。文学者の内田樹さんは次のように述べます。

> 専門家が自分の熟知している分野のことを語ると，「話のつじつまが合いすぎる」ということが起こる。「話のつじつまが合いすぎる」というのは，あまり良いことではない。「つじつまの合いすぎた話」は読者にとっての印象が薄いからである。どういうわけか，輪郭のなめらかな，あまり整然とした論述は，私たちの記憶にとどまらない。(…中略…) 私たちの記憶に残るのは「納得のゆく言葉」ではなく，むしろ「片づかない言葉」である。▷8

筆者には，このことばはとても重く響きます。なぜなら，発達心理学は「発達の説明」を重要な仕事にしているので，基本的に「つじつまの合う話」を探し求めているからです。その反面で，私たちがいかに自分たちに都合の良いように，つじつまの合う話をしがちであるかということも自覚しています。しかし，よく考えると，これはとても恐ろしいことかもしれません。つじつま合わせの結果，納得するのが当事者ならよいのですが，当事者のリアリティを置き去りにして，周りがわかった気になってしまうとしたら，どうでしょうか。

▷8　内田樹 (2006). 私家版・ユダヤ文化論. 文藝春秋.

1つ例をあげると，筆者には以前から違和感をもっている言い回しがあります。それは，「がんばれって言わない方がよい」「がんばらなくてよい」というものです。この言い回しは，不登校の子どもや災害被災者等に対して，「がんばってね」などの何気ない応援の一言が心に負担を与えるから控えるようにという意味で使われるようになったものです。一理あるのですが，そんなに簡単なものだろうかと思ってしまいます。筆者が違和感をもつのは，この言い回しが結局誰のためのものかという問題を置き去りにして，ことばだけがひとり歩きしてしまう恐れがあるからです。傍から見てうまくいっていない人や，苦しい状況に置かれた人を励ますことはとても難しいことです。そういう時，相手を「がんばらなくてよい人」として考えてしまうことは，実は声をかける側にとって一番楽なことかもしれないのです。

　同じようなことが，子どもや発達をめぐる言い回しにもあるように思います。決まりきったフレーズで，何となくわかった気になって使うことばが，いったい誰のためのものなのか。これは先の「反抗期」という用語にも当てはまるものだと思います。私たちは，ついつい，つじつまの合う説明をされると，それが当事者にとっても真実であるかのように錯覚しがちです。でも，そういう時，ちょっと一呼吸置いてみたいのです。

7　発達心理学：ミステリーのような，あるいは「おやつ」のような

　発達心理学の目的の1つは，自然科学と同じように，「メカニズムを知ることによって未来を予測する」ということだと言われます。つまり，子どもが将来どうなるかわからないと不安だから，標準的な発達はこうで，それを促進するにはどういう環境や教育が効果的なのか知りたいという欲望に応えるということです。確かに，子どもの将来がどうなるかは，多くの養育者や保育者にとって大きな関心事でしょう。でも，子どもは思い通りにはならないものです。主体であるということは，他者の思い通りにならない可能性をもった存在だということです。子どもについての「わからなさ」を引き受けて付き合うこと，こ

れが子どもの主体性を尊重することの出発点だと思われます。

　一方で，子どもは育てられてはじめて自立していけるのであり，まったく何の予測もなく子どもと暮らすということもあり得ません。これまで，「子育てに正解はない」とか，「わかった気にならない」とか，煮え切らない否定形ばかり使ってきましたが，だから発達は「何でもありなのだ」と言いたいわけではないのです。具体的な保育・子育ての方法，子どもが見せる姿や行動には多様なバリエーションがあるとしても，石器時代から変わらないと言われるDNAがあるのですから，「発達の背骨」と呼べる部分には共通した何かがあるだろうと思います。一見，まったく別々のように思われる出来事が，実はどこかでつながっているのではないか，最初は重要だと思われていた事柄が実はうわべだけのもので，無視されてきた事柄に真実が隠されているのではないか。発達の研究にはミステリーを読む時のようなスリルがあります。

　子育て講演会や保育者の研修等で発達の話をした時，しばしば2つの声を聞きます。1つは，「これまでの自分の保育（育児）を見直すきっかけになりました」というもの。もう1つは，「すぐに園（家）に帰って，子どもたちに会いたくなりました」というものです。いずれもお話した甲斐があったと感じるものですが，願いは後者の感想をもってもらうことです。子どもの発達を学んだ結果，ただ反省するというのはあまり楽しいことではありません。発達心理学に過剰な期待を寄せるべきではないと思いますが，発達について考えることが子どもとの生活をより味わい深いものにしてくれるなら，研究をする価値があるというものです。保育や子育ての場面で起こる出来事について，自らの経験に基づいて解釈することにも意味がありますが，経験論だけでは，袋小路に入ってしまうこともあります。そういう時，発達心理学がもたらしてくれる知見は，少し新しい見方を与えてくれるかもしれません。

　発達心理学は，ちょうど「おやつ」のようなものだと言ったら語弊があるでしょうか。おやつは，それがなくても生きていくことはできますが，もしそれがあれば生活が豊かになるようなもの，そして，ちょっと元気が出るものです。以下に続く各章に，おいしいおやつを発見していただけたら幸いです。

第1章

「ぼくだれかしらない　でもぼくいる」

0歳児の世界をさぐる

これなんだろう？　とりあえず，タッチ！

第1章 「ぼくだれかしらない　でもぼくいる」

Introduction

　本章では，０歳台を中心に，誕生から１歳半頃までの発達と保育・子育てについて述べていきます。私たち人類の遺伝子は，数万年から10数万年の間，その基本的な構造を変えていないと言われています。赤ちゃんとの出会いは人類の原始性との接触であり，その意味において赤ちゃんは私たちの先輩です。しかし同時に，現代という環境のなかで生きる赤ちゃんは，文化的な先行世代である私たちの手厚い関わりを不可欠としており，その意味では後輩と言えます。本章のタイトルは，谷川俊太郎さんの詩から拝借したものです（杉山亮（2000）．子どものことを子どもにきく．新潮社．に寄せられた詩）。０歳児の世界をよく表していると思います。「ぼくだれかしらない　でもぼくいる」の世界と付き合うことによって，私たちはあらためて人間発達の奥深さを知るでしょう。

　発達には常に２つの角度からの考察が必要です。赤ちゃんの誕生は，個人としての発達のはじまりであるとともに，子育て・保育という集団的営為の新しい門出を意味します。個人としての赤ちゃんを知る試みと，育てる側の視点を深める試みとの，いわば二人三脚があってこそ，赤ちゃんのいる暮らしの全体像が見えてくるはずです。

　赤ちゃんにはどのような性質があり，どのような力が育ってくるのでしょうか。そして，赤ちゃんはその力を使って何をし，どのようなメッセージを私たちに伝えようとしているのでしょうか。保育や子育ての具体的なシーンを参照しながら，赤ちゃんとの暮らしを豊かにするための想像力をふくらませていきたいと思います。

① ０歳児とはどんな時期？：ここに現れ，共に感じる

（１）赤ちゃんとの生活

　私はおととい生まれたばかりである。まだ目は見えない。けれども音はよく聞こえる。この産院でおこるいろいろのことも，気配でわかる。

　看護婦さんは何だってあんなにドシンドシン音をたてて歩くのかしら。きっと目方がありすぎるんだね。それに部屋の戸のあけたてにあんな大きな音

をさせなくったってよさそうなものだ。(…中略…) 私はやかましいのが一ばんきらいだ。私だけではない。ママもそうだ。私たちはまだくたびれているのだ。ここしばらくは，ぐっすり眠りたい。それだのに廊下をドシンドシン歩かれたり戸をバターンとやられたりすると，そのたびにとびあがって泣き出さなければならない。▷1

　この世に生まれて間もなく，赤ちゃんは何をどのように体験しているのでしょうか。「乳児（赤ちゃん）」を英語では infant と書きます。ラテン語の fari（話す）を語源とする fam- に否定の in- がくっついてできた単語です。つまり，「話さない者」という意味です。当たり前のようにことばを使って生活している私たちには，ことばのない世界がどのようなものであるか想像することは困難です。本章では，ことば獲得以前の0歳児（誕生から1歳半頃まで）の発達をさぐることで，赤ちゃんと生活する上でのヒントを得たいと思います。
　これまでの発達心理学の知見から，赤ちゃんがすでに胎児期から感覚器官（五感）を発達させていることが示されています。冒頭の描写では，「まだ目は見えない」とありますが，今では新生児がすでに0.02程度の視力をもっていることがわかっています。客観的に測定される視力や聴力は，あくまで外側から見た赤ちゃんの能力を教えてくれるだけですが，かといって赤ちゃんは「私はやかましいのが一ばんきらいだ」とも言えないので，赤ちゃんの五感が誕生時に（実際には胎児期に）もう動き始めているという知識は，私たちの赤ちゃん理解を助けてくれるでしょう。▷2
　一方で，赤ちゃんの能力が，自立して何かをなし遂げるほどではないことも事実です。発達心理学では，1960年代以降，機器や科学的方法の発達によって，それまで知られていなかった赤ちゃんの能力が"発見"されるたびに，「有能

▷1　松田道雄（1960）．私は赤ちゃん．岩波書店．p.2. より．
▷2　胎児や乳児の感覚・知覚能力に関する諸研究については，明和政子（2006）．心が芽ばえるとき——コミュニケーションの誕生と進化．NTT出版．に詳しい．

第1章「ぼくだれかしらない　でもぼくいる」

な乳児（competent infant）」というキャッチフレーズを強調してきました。こうした赤ちゃん理解も一理あるのですが、「有能な乳児」観を支える知見が、日常的なものとはほど遠い、特殊な方法によって見いだされるものであることを考えると、実際に赤ちゃんと関わり、育む立場としてはまた違った理解の仕方が必要なはずです。

　それを大くくりで言えば、赤ちゃんは発達するために養育者による解釈（応答）を不可欠とする存在である、ということになります。私が見聞きしている世界と他の誰かが見聞きしている世界が本当に同じかどうか確かめようがないように、私たちは赤ちゃんの体験世界をそのまま知ることなどできません。しかし、赤ちゃんは視線や表情、声や手足の運動等を使って、私たちの解釈を支えてくれようとしています。ことばをもつ大人ともたない赤ちゃんという非対称の関係、この一見大きな溝を越えた通じ合いを成立させようと相互に努力すること、これが赤ちゃんとの生活の本質的な部分だろうと思われます。

（2）赤ちゃんの「存在感」

　大人による心の世界の解釈を必要とするということは、赤ちゃんがそれ単体として存在しているわけではないこと、つまり関係性のなかを生きているということを物語っています。発達のはじまりの時期とその生活を考えるうえで、この点は何度強調してもしすぎることはありません。したがって、子どもの誕生を、それと表裏一体の出産という出来事と共に体験する、母親の心境を教えてもらうことの意味は大きいはずです。

　出産の体験は、愛のことばで美化されることもあれば、苦痛のことばで否定的に語られることもあります。男性である筆者には、どう転んでも想像の域を出ないのが「出産」という体験なのですが、次のようなある母親の語りは何とも腑に落ちるものでした。

【エピソード1-1　出産の時[43]】
　女の子のお母さんになったAさんは、出産後の気持ちの変化を次のように語ら

21

れました。

「子どもが嫌いだったんで,妊娠したときに,あんまりうれしくもなかったんで,産まれて来たときが,あまりにも早かったんですね,出産時間が。それであっけなさ過ぎてあんまり感動しなかったんですよ,産まれた瞬間。うちの母も「泣く」とか言ってたから,感動して泣くかなんて思ってて,その瞬間を待ってたんですけど,その痛みのマックスっていうのがあんまりひどくなかったと思うんですよ。(…中略…)結構冷静だったんですよ。先生とか看護婦さんが話してたこともつぶさに私はずっと聞いてたんですよ。何をやってるとか。だから,切開するときも結構普通に切ってたし,この子最後だけ出なくって吸引で引っ張ったんですけど,吸引の機械を準備してるのもずっと見てたし,それでいきみが来る感覚が今までは迫ってたんですけど,そんなにつらくなかったんですね。だから意外といきみながらもずっと観察してたんで,「あー,産んだ」っていうのが,あんまりなかったんですよ。私,感動しなかったんですね,産んだ瞬間が。この子が産まれて泣いて横にもってこられたときも「はあ」って思えなくって,産んだんだっていう感じの方が多くって,やっと産まれたうれしいっていう涙が出てこなかったんですよ。出産ってこれで終わりなのかなっていう,すごい,そんなことしているうちにこの子連れていかれちゃって,私は縫われ始めちゃって,痛くって,しばらくここで寝ててね,って言われてひとりにされちゃったんですよ。痛みも麻酔でそんなになくって,出産っていったいなんだったんだろうって,空しくひとり分娩室に残されたまま考えていたんですけど,その日は痛かったり寝てたりで,人がいっぱい来ちゃったりで。次の日,[…]涙が出て来ちゃって,〈それはどこで?〉新生児室。触らせてもらえなくって,抱かせてももらえなくって,で,次の日歩かなきゃいけないから,朝歩いて見に行ったら,この子しかいなかったから間違いなく私の子だったんですけど,もうかわいくってかわいくって,で,向こう向いてたから顔は見えなかったんですけど,そこで感極まってううっとか思って,すごいその時に感動しちゃって,その日からもうかわいくてかわいくて,どんと来ちゃって,今までにない気持ちっていうか,犬とか家で飼っててすごくかわいかったペット[…],まったく別のものっていうか,感情がすごい[…]」　　　([…]は聞き取り不能,〈　〉内はインタビュアーの発話)

　エピソード1-1には,出産を経験したAさんの正直な気持ちとその変化が語られているように思われます。妊娠から出産に至る経緯は,当事者ごとに実に千差万別のドラマがあると思われ,他人にある種の「感動」を強要されるよ

うなものでは決してないでしょう。Aさんの体験は基本的に固有のものです。しかし，同時にAさんの気持ちの揺れ動きの機微に，他者の共感を呼ぶ部分が少なからずあるように思われるのです。

「出産ってこれで終わりなのかなっていう」「出産っていったいなんだったんだろうって」と，Aさんが繰り返し述べるように，母親は子どもの「誕生」と同時に「出産」という形で自己の体験をなしています。男性も立ち会い出産をすると多少擬似的な出産体験があるのかもしれませんが，女性による内側からの体験には到底及ばないのではないかと，この点は半ばあきらめています。

逆に，男性は出産を直接体験することはありませんが，父親として我が子と出会うという体験は，やはり母親とは異なる独特のものがあるかもしれません。Aさんは，「今までにない気持ちっていうか，犬とか家で飼っててすごくかわいかったペット［…］，まったく別のものっていうか，感情がすごい」と表現されていますが，筆者も自分がはじめて我が子に出会った時，ついぞ感じたことのない，得も言われぬ感情を抱いたことを思い出します。しかし，筆者の場合，その後周囲の人にこの感動を表現しようという時，「なんだか，これはものすごくおもしろいペットがやってきたという感じなんだよ！」と言っていたことも覚えています。「ペット」とはずいぶんひどいではないか，と叱られそうですが，Aさんにならい当時の偽らざる気持ちとして綴っておきたいと思います。

いずれにしても，赤ちゃんと接することは，何か特別な体験を私たちに与えてくれるように思います。そこには確かに"人間"がいるのですが，ことばを話すわけでもありませんし，"人格"と呼べるような個人のまとまった特徴を備えているようにも見えません。自分で自由に移動することも，乳以外の食物

▷3　本エピソードは岡本依子，菅野幸恵，青木弥生，八木下暁子，亀井美弥子，高橋千枝，東海林麗香，石川あゆちおよび筆者（川田学）が遂行した妊娠期から児童期までの親子を対象とした縦断研究「かんがるぅプロジェクト」のデータに依拠する。なお，かんがるぅプロジェクトの詳細については，岡本依子・菅野幸恵（編）(2008). 親と子の発達心理学——縦断研究法のエッセンス. 新曜社. を参照されたい。

を摂取・消化することもままならず，とても弱々しく感じられます。しかし，一方で家族の空気を一変させてしまうような存在感をもち，ジッと見つめられるとこちらの心の奥底を見透かされているような気分にもなります。そういう時，私たちはある種の畏怖の念を，赤ちゃんに対して抱くことさえあります。こうして，親たちは様々な期待と不安を胸に，赤ちゃんとの生活をスタートさせるのです。

（3）眠って，泣いて，ウンチして

　プロダクト・デザインの世界では「原型」という概念があるそうです[4]。原型とは，余分なものがそぎ落とされた本質的な状態を意味します。原型を備えたシンプルな製品は，他の虚飾にまみれた製品を横目に，着実に広がり，長く愛されると言われています。

　赤ちゃんと生活していると，生きることの原型とは何かについて教わっているような気がしてくるのです。赤ちゃんには生物として最低限の生理的・身体的なバランスを保とうとする機能，すなわちホメオスタシス（平衡回復機能）が備わっています。後に見るように，赤ちゃんには生まれながらに身体の状態（行動や覚醒の水準）を一定のサイクルで維持する機能があります（p. 34.「（2）眠るヒト・動くヒト」参照）。特に何もなくても，泣き出したかと思えば，しばらく見ているとまた眠り出すといった具合です。

　一方で，たとえば体温や呼吸，心拍といったもっとも基本的な生存機能でさえ，養育者による配慮がなければ十分に働きません。人間は恒温動物ですが，自律的な体温調節機能が十全に働くようになるのは2歳頃のことです。また，お乳を飲めばそれでよしというわけでもなく，一緒に飲み込んだ空気が胃のなかに留まって，赤ちゃんは苦しくなったりします。単にげっぷをすればよいだけですが，赤ちゃんにはそれも難しいことなのです。軽く肩口にかついでやったり，座位の姿勢を取らせたりして，背中をさすったり，トントンと叩いてや

　▷4　林信行（2010）．iPhoneとツイッターは，なぜ成功したのか？．アスペクト．

第1章 「ぼくだれかしらない　でもぼくいる」

写真1-1　まなざしに力強さが出る（生後52日）

ったりして，「ゲプッ」とやるのを助けてあげます。こうして，赤ちゃんが生きるための基本となる機能を維持させるために，養育者は1日の多くの時間を割くことになります。

　生後2，3ヵ月頃になると，少し身体がしっかりして，赤ちゃんのまなざしにも力強さを感じるようになるでしょう（写真1-1）。抱っこをしていても，横抱き（横に寝て腕をまくらにしたような抱かれ方）だとグズッていたものを，頭を支えてあげながら少し身体を立ててあげると，機嫌が直ってあたりをゆっくり観察し始めたりします。離乳食はまだですが，なかには親が何かを食べているのをジッと見て，口をパクパクさせたり，ヨダレをいつもより多く出す子もいるかもしれません。赤ちゃんとの生活のなかに，基本的生活の維持とは少し異なる，おもしろいエピソードが出てくるのもこの頃かもしれません。

【エピソード1-2　お風呂にたなびいたものは……】
　生後3ヵ月のリンちゃんがお父さんとお風呂に入っていた時のことです。生後しばらくはベビーバスで沐浴をさせてもらっていたリンちゃん，最近は頭がだいぶすわってきたので，お父さんと一緒にお風呂に入るようになりました。お父さんは，リンちゃんと一緒にお風呂に入るために，仕事を早目に切り上げて帰宅するよう努力しています。先にお父さんが一通り洗った後に，お母さんがリンちゃ

んをお風呂に連れてきます。お父さんはリンちゃんを受け取ると、冷たい床などにリンちゃんをつけないように抱き、「かけますよー」と言いながら、ちょうどよい湯加減のお湯を、リンちゃんの胸元からゆっくりとかけます。リンちゃんは気持ちよさそうに口を縦長に開け、目を細めました。それから2人で湯船に浸かると、お湯のなかで手足が自由になるのでしょう、リンちゃんはお湯に浮かびながら両脚を元気に蹴り出したりしています。お父さんは「お、すごいキックですねぇ」と言いながら、リンちゃんの足の裏が自分の胸元につくようにして、リンちゃんの体を支えました。リンちゃんがグイグイと蹴ろうとする両脚の力強さを胸元に感じるお父さん。リンちゃんは少し眉間にシワを寄せるようにして、力を込めている様子です。その時、何やらかぐわしいにおいがしてきました。クンクン。今度はお父さんが眉間にシワを寄せます。リンちゃんを見ると、先ほどまでとは打って変わって、ニカーッと笑顔。「んっ？」。お父さんがふと湯船を見ると、そこに茶色くて細長いものが……。「おわぁ〜！」。なんと、お父さんの胸にくっついたリンちゃんのウンチが、お湯のなかをたなびいているではありませんか。目を丸くするお父さんを横目に、リンちゃんはすっきり笑顔でまた両脚を蹴り出しました。

家庭でのこのようなエピソードは、しばしば家族の語り草になるものです。リンちゃんが大きくなって3歳にもなれば、お父さんが「君が赤ちゃんの頃にさ、こんなことがあってさ……」と話すと大いに喜んで、きっと「もう1回言って！」のアンコール攻めになるでしょう。今を生きる0歳の時のその子と、時間的な広がりのなかを生き始める3歳になったその子が、家族の思い出と共につながってくる。0歳児を見る時に、こうした視点もおもしろいかもしれません。

（4）つられることの強味と限界

「話さない者」である赤ちゃんは、養育者による様々な解釈を必要としている、と冒頭で述べました。この時、養育者がもっとも頼りにしている情報が情動表現です。人間の赤ちゃんには、生まれつき喜び、悲しみ、怒り、恐怖などいくつかの区別可能な情動表現（基本情動）が備わっていると言われています。

第1章 「ぼくだれかしらない でもぼくいる」

さらに，生後1，2ヵ月の間に，養育者であれば聞き分けることのできる，数種類の泣き声を発し始めることも知られています[6]。

赤ちゃんにとって，情動は自分を守り育ててくれる養育者へのサインとしての意味が大きいですが，一方で社会的な出来事と自分をダイレクトに結びつけてくれるという役割も見逃すことができません。

【エピソード1-3　ボクは何で泣いたんだろう】
　この日は保育所全体での節分行事。毎年，山からオニがやってきます。みんなで園庭に出て，オニを待ち構えていました。保育所には，朝から不安な様子で保育者のそばを離れない子もいれば（2，3歳児くらいが多いようです），「オレがオニをやっつける！」と鼻息荒く興奮気味の4，5歳児もいます。1歳児も何となくいつもと違う様子をかぎとっているようです。0歳児はペースが色々なので，お部屋で午前寝の子もいますが，何人かは外に出てきています。10ヵ月のソウタくんは，周囲に無頓着な様子で，地べたに座ったまま砂いじりに興じていました。そこにオニが現れました。3人もいます。オニはのっしのっしと大ぶりの動きで歩いては，時々こん棒を振り上げたりしています。子どもたちは一斉に声をあげます。「きゃー！」「いやーん！」「このやろぉー！」「てめぇ！」。すでに鼻水を垂らして大泣きの子もいます。1人の保育者に10人くらいの子どもがむしゃぶりつくようにしがみつきます。リーダー格の4，5歳児数人は勇猛果敢にオニの回りを走りながら，容赦なく，ほんとうに容赦なく豆を投げつけています。なかには園庭の砂をつかんで投げている反則派も出てきました。ソウタくんを見ると，まだ砂いじりに夢中です。すごい集中力です。豆にもめげず，オニはどんどん子どもたちの所に近づいてきます。半狂乱の子も出てきました。ずっと固まったようにこれらの光景を見つめていた0歳児（実際には満1歳を過ぎた子たち）です

▷5　ただし，外側への「表出」と赤ちゃん自身の「体験」とが一致しているかどうかは慎重に検証しなければならない。情動の発達に関する専門的な議論については，遠藤利彦（2002）．発達における情動と認知の絡み．高橋雅延・谷口高士（編著）感情と心理学——発達・生理・認知・社会・臨床の接点と新展開．北大路書房．pp.2-40．を参照されたい。
▷6　たとえば，小児科領域でしばしば使われる「遠城寺式・乳幼児分析的発達検査表」には，言語領域の「発話」の初期段階として，生後1〜2ヵ月の項目に「いろいろな泣き声を出す」が設けられている。

> が，チーちゃんが最初に「う，うわーん！」と泣き出しました。と，堰を切ったようにトオルくん，モモエちゃんも「うわーん！」。3人とも手を下にダランと垂らしたまま，しわくちゃの，ゆがんだ顔で大泣きです。こういう時，あまりの恐怖で身体がしびれてしまうのか，保育者にしがみつくこともできません。0歳児の間に泣きが広がっていきます。そこでソウタくん，砂ワールドからふと顔を見上げますと，みんなが泣いているではありませんか。遅れちゃいかんとばかりに，ソウタくんも「う，う，うわーん！」。しかも，一番最後なのに，ちゃっかり保育者の方に両手を伸ばし，めでたく抱っこされたのでした。

　ソウタくんはなぜ泣いたのでしょう？　オニが怖かったからでしょうか？　しかし，彼はずっと砂ワールドに入っていたのです。オニが来ることを予測している2歳児なら，恐怖はオニ（の予期）によってもたらされ，オニへの恐怖が泣きを引き起こすと解釈できます。しかし，ソウタくんの泣き（恐怖）には明確な"対象"がありません。ソウタくんが泣いたのは，ただ周囲のお友だちが泣き出したからだと思われます。「泣きが泣きを呼んだ」のです。こうした現象は泣きの伝染と呼ばれ，情動伝染（emotion contagion）の一種です。

　赤ちゃんはまだ経験に乏しく，状況判断が未熟です。個人で判断して行動するより，理由はともかく周囲の人が表現する情動につられて行動した方が，より安全を確保できたり，うまく社会的な調和に参加したりすることができます。何が楽しいのかわからなくてもみんなが笑っていたら笑い，泣いていたら泣き，緊張していたら緊張してみるということです。

　赤ちゃんはことばをもっていませんが，情動がある種のことばのように，社会的なメッセージの伝達（伝染）の役割を担っています。情動は個人の能力なのかというと，確かに成長して洗練された表現を備え，ある種の演技性をもてばそう言える面もあります。しかし，フランスの医師で発達心理学や教育学にも大きな影響を与えたワロン（Wallon, H.）によれば，情動の本質は，否応なく人間同士を結びつけてしまう（同じ情動状態や姿勢にしてしまう）ところにあります。つまり，情動は個人の能力というより，神か自然かが与えた「作戦」のようなものだと言えるでしょう。この作戦によって，ソウタくんは直前まで

砂ワールドに入っていても,「泣き」を介して節分という行事の一員に組み込まれていくことになるのです。

ところで,他者の情動につられてしまうという性質は,赤ちゃんの強味であると同時に,社会的な意味で限界を示してもいます。情動伝染は大人になっても生じますが,発達とともに他者の情動にすぐには影響を受けず,むしろ情動を補うような行動も見られるようになってきます。「情動を補う」というのは,たとえば泣いている子を見ると頭をなでてやったり,その子の好きなバスタオルをもってきてあげたりするような行動です。一般に援助行動と呼ばれるこうした現象は,1歳前半から少しずつ見られるようになっていきます。

他者の情動につられることなく,他者の情動を補うような行動を遂行するためには,子どもが自分と他者の違いをある程度認識している必要があるでしょう。しかし,その能力は0歳児にはまだちょっと高嶺の花です。1歳後半から2歳台にかけて育ってくる,表象機能の発達を待たねばなりません。

(5) 存在感2.0

ある日,赤ちゃんが家族の一員になると,家族の生活は一変します。大人だけの生活の時には,省略されたり隠されたりしていた野性的な感覚や喜怒哀楽の情が,お乳やウンチのにおいなどと共に,家のなかに充満するのです。赤ちゃんの存在感の起源は,何かができるとか優れているとかということよりも,むしろできないこと,未熟であって手厚い保護を必要とするということにあるように思えます。仮に,こうした赤ちゃんが生まれながらに私たちに与える存在感を,インターネット用語風に「存在感1.0」と呼んでみます。

これに対し,0歳の終わり頃から1歳前半にかけて,1.0とは異なる存在感の兆しが現れます。それは,ある意味で「できないこと・未熟であること」とは対極に位置するような,「有能さを主張し,保護から脱しようとすること」

▷7 ワロンの情動理論の概略については,川田学 (2007). 情動は表象への扉を開ける——H. ワロン「児童における性格の起源」. 夏堀睦・加藤弘通 (編) 卒論・修論をはじめるための心理学理論ガイドブック. ナカニシヤ出版. pp. 31-43. を参照されたい。

によって示される存在感です。これを,「存在感2.0」と呼んでおきます。

【エピソード1-4　50分1本勝負】
　マイちゃんは人をよく観察する赤ちゃんでした。人見知りで不安があるというよりも,むしろ興味津々でじーっと人を観察しているように見えました。かと思えば,急にニカッと笑顔になるなど愛嬌もたっぷりで,生後5ヵ月ではじめて会った時から,筆者は「マイちゃんおそるべし！」と思っていたのです。そんなマイちゃんが10ヵ月になった時,離乳食の場面で次のような出来事がありました。この日,母子の食事は50分にも届こうかというほどの長丁場になりました。その原因の1つは,マイちゃんが食事に集中しないためであり,でも食べないわけではないのでお母さんがいつ終わればよいのか迷ってしまったことにありました。マイちゃんは屋外が気になるのか,度々ベビーラックの上に立ち上がり,背もたれに手をかけてお母さんに背を向けた格好になりました。お母さんは「こっち向いて」と,その度に姿勢を戻します。お母さんが食物を差し出すと「プイッ」と首を振ります。そして,マイちゃんは卓上のもの（TVのリモコンなど）に手を伸ばし,お母さんはそれを阻止します。そのような攻防が続いた後,ある時急展開が起こりました。これまでと同じようなパターンで,マイちゃんがお母さんに背を向けて立ち上がろうとし,お母さんはそれを阻止して元に戻そうとしました。すると,マイちゃんは明らかに不満そうな表情をし,お母さんを睨みすえ,そしてお母さんの腕をつねったのです。お母さんは「ムッ」とした表情をし,マイちゃんを睨み返し,「つねったらだめ！」と声を荒らげて言いました。でも,マイちゃんは泣きません。両者は数秒間睨み合いました。緊迫したムード。誰もがこのムードを打ち破りたい気持ちです。どういう結末を迎えるのか……。この時,解決の主導権をとったのはマイちゃんでした。彼女はお母さんとの数秒間の対峙の後,いきなりニーッと笑顔をつくり,そして「ア～ア～」とおどけたように拍子抜けした声を出したのです。すると,お母さんは思わず「プッ」と笑ってしま

▷8　「存在感」とは,多分にそれを感じる側,受けとる側の主観に基づくものである。ゆえに,社会や家族の形態や機能,子どもに対する価値観の変化,また個々人の感受性によって,「存在感」の中身は変わってくるだろう。とはいえ,生物である人間にとって,赤ちゃんの誕生が家族に重要な影響を与えるイベントであることに変わりはないと思われる。ここでは,赤ちゃんが家族の一員になることによって,他の家族成員（父母やきょうだいなど）の生活や心境に,赤ちゃんでなければもたらさないような変化を与えることを,赤ちゃんが与える存在感と呼んでいる。

> いました。そして,マイちゃんと同じように「ア〜ア〜」と声を出しながら,スプーンに乗った食物を差し出したのです。すると,どういうことでしょうか,さっきまでことごとく拒否していたマイちゃんが,「あーん」と口を開けたのです。「パクッ」。その後,これまでの50分の対決が嘘のように,マイちゃんは食事を平らげたのです。

　離乳食は生後5,6ヵ月頃から始まることが多いと思います。離乳食が始まったばかりの頃,赤ちゃんはたどたどしく,また親もたどたどしいものです。しかし,やがてリズムが合ってきます。筆者が調査でうかがったお母さんたちのなかには,生後6ヵ月頃の離乳食場面を「授乳と同じ」「愛」などと評した方々もいます。それに対して,生後10ヵ月頃になると,「葛藤」「戦い」「忍耐」などという表現が出てくるようになりました。マイちゃんの姿を知れば,こうした表現もうなずけるというものです。

　筆者が「存在感2.0」と呼ぶのは,保護ではなく自立や自己というものを養育者に訴えるような赤ちゃんの存在感です。もちろん,親は生まれて間もない我が子にも,あるいはお腹のなかの我が子にも,「自己主張」というものを感じ取ることがあります。人間という種の特徴の1つは,自分以外のものにも自分と同じような「心」の世界があると想定することだと言われています[9]。一方で,マイちゃんのお母さんは,「うちの子,自己主張してるわ」というようなほのぼのとした思い(解釈)を通り越え,ある意味大人げなく対決せざるをえなくなっています。10ヵ月のマイちゃんは,大人の都合の良い解釈など跳ね飛ばさんばかりに,睨みすえたり,つねったり,あの手この手で対抗してくるのです。そこには,心理戦とでも呼ぶべきコミュニケーションが始まっているように思われます。しばしば,親が「人間くさくなった」という感想をもらすのが,1歳のお誕生日を迎える前後の時期です。「存在感2.0」をまとい始める時期以降,赤ちゃんは1歳半頃という次の発達の節目に向かって,生活のなかで

▷9　トマセロ, M., 大堀壽夫・中澤恒子・西村義樹・本多啓(訳)(2006). 心とことばの起源を探る——文化と認知. 勁草書房.

様々な試みをなしていきます。

❷では，存在感1.0から2.0，そしてその後へと変貌を遂げていく赤ちゃんの発達の背景について考えていきます。

❷　0歳児を成り立たせているもの

　人間の発達は他の動物種に比べて，生後の経験（特に社会的経験）による影響を強く受けると考えられますが，0歳児は比較的生物学的な影響の程度も大きいと言えます。そこで，ここでは子どもの生まれもった性質や生活リズムに関する内容もふまえながら，0歳児の発達の背景にある信頼関係の形成や外界認識，自己と他者の理解について考えていきたいと思います。

(1) その子らしさの起源

　先にプロダクト・デザインの話を引き合いに出しましたが，とはいえ赤ちゃんと製品はまったく違う存在です。当たり前だという声が聞こえてきそうですが，製品との比較は赤ちゃん（生命）の本質を確認するうえで重要です。

　工業製品は規格化が進むことで基本的に同じものを大量生産するようになります。個体差が小さくなっていくということです。一方，赤ちゃんは生まれながらにみんなかなり違っています。性別とか外見が異なるということではありません。環境からの刺激の感受性や反応性が異なるのです。同じ両親から生まれたにもかかわらず，きょうだいで"性格"がまったく異なるように見えるというのは，しばしば親たちの実感としてあります。これは，気質（temperament）と呼ばれる個性の起源です。同じ種なのに，少しずつ環境に対する反

▷10　子どもには両親それぞれの遺伝情報が50％ずつ継承される。きょうだい同士は両親から受け継いだ遺伝情報の約50％を共有するが，遺伝情報の組み合わせはそれぞれに異なる。有性生殖は遺伝子を後続世代に確実に継承しつつ，同じ個体が1つもできないように，つまり多様性が維持されるように進化したしくみである。赤ちゃんは，両親のコピーであるという側面と唯一無二の存在であるという側面を併せもっていると言える。遺伝と発達の関係については，安藤寿康（2000）．心はどのように遺伝するか――双生児が語る新しい遺伝観．講談社．に詳しい。

応の違いを含ませるということが，製品とは異なる生命の重要なしくみと言えます。

　生まれて間もない我が子の様子を見て，親たちは色々な印象をもちます。たとえば，新生児期の我が子について，ある母親は「大人しい感じがします。あんまり神経質じゃないって感じ」，別の母親は「きかん坊っていうか，自分の意志をすごくつら抜き通す，頑固者」，また別の母親は「甘えん坊みたいですね。なんか1人にさせておくと，すぐ泣いちゃうし」と表現しました[11]。

　気質は活動性，規則性，新奇性への反応，順応性，感受性，反応の強さ，機嫌，集中性といった側面を総合して評価され，トーマス（Thomas, A.）らによると大きく分けて3つの典型的な気質に分けることができます[12]。すなわち，育てやすい子（easy），育てにくい子（difficult；気難しい子），出だしの遅い子（slow-to-warm-up）です。

　育てやすい子とは，情動表出が穏やかで機嫌がよいことが多く，新しい物事や人に対してもポジティブな関心を寄せ，生活習慣がつきやすく安定的であるなどの特徴をもちます。育てにくい子は，育てやすい子のちょうど逆のパターンです。出だしの遅い子は，育てにくい子のようにある程度一貫した困難さがあるわけではないのですが，調子が出てくるまでに少し時間がかかるタイプと言えます。トーマスらの研究では，対象児の約40%が育てやすい子，10%が育てにくい子，15%が出だしの遅い子でした。残りの35%はいずれの典型にも分類できず，いわばそれぞれの特徴が混在していました。

　注意が必要なのは，ある子どもがどのような気質であるかは，あくまで親からの聞き取り（我が子の特徴についての親の主観的判断）に基づいて評定されるということです。親の経験や自分自身の性格を基準に判断される可能性を考えれば，同じ子どもが「神経質」であると評価されることもあれば，「ふつう」であると判断されることもありえます。同じ子どもについて，両親の間で，ま

▷11　前出「かんがるぅプロジェクト」のデータより。
▷12　Thomas, A., Chess, S., & Birch, H.G. (1968). *Temperament and behavior disorders in children*. New York：New York University Press.

た保育者間で異なる印象をもつということはよくあるものです。「どんな子」かという個性もまた，子ども単体ではなく関係性のなかで定まってくるという面を見逃してはならないでしょう。

（2）眠るヒト・動くヒト

医学的には，生後28日目までの赤ちゃんを新生児（neonate, newborn infant）と呼びます。この時期，赤ちゃんは1日の大半を眠っていたり，まどろんだりして過ごしています。かつて，新生児の行動や意識状態は混沌として規則性のないものだと考えられていましたが，現在ではある程度区分できる行動状態（behavioral state）というものが5つほど見いだされています（表1-1）。

状態1と2は眠っているのですが，1のnon-REM（ノン・レム）睡眠は深い眠りで，2のREM（レム）睡眠は浅い眠りです。状態3〜5は目覚めている状態ですが，赤ちゃんの意識や外界の認知には大きな違いがあります。5はもう泣いてしまっているので，おそらく心も身体も「ぐちゃぐちゃ」した状態と言えるかもしれません。赤ちゃんを観察してみるという意味では，3と4がおもしろい状態でしょう。さしずめ，3は「かしこい」状態，4は「わんぱく」状態と言えそうです。

3はハイアローザル期（high arousal period）とも呼ばれ，赤ちゃんが心穏やかに周囲の環境を眺め，情報収集をしている時間として，特に知覚・認知機能の発達という面で重視されています。4は一見元気で，好奇心に満ち，色々学習しているようにも見えますが，実際のところはやや興奮気味で注意散漫な状態と言えるでしょう。しかし，4も運動や感情表現の練習という意味では重要な役割を担っていると考えられます。生まれて数ヵ月は，外界を知る機能と運動機能をバランスよく働かせる能力が未熟なので，「動きながら知り，考えながら動く」ということが困難なのです。

これまでの研究から，出生後間もなく赤ちゃんは状態3を中心としたハイア

▷13　REMは，急速眼球運動（Rapid Eye Movement）を意味する。

表1-1 新生児の行動状態

状態	特　徴
1	静睡眠（non-REM睡眠）。呼吸リズムは規則的でゆっくりで，運動や表情変化もほとんどない。
2	動睡眠（REM睡眠）。呼吸は状態1よりも速くなり，時に不規則で，散発的な運動や多様な表情変化が見られる。
3	静的な覚醒状態。目をパッチリと開けているが，大きな運動は起こらない。呼吸は安定している。
4	動的な覚醒状態。目を開け，急激な運動を頻繁に起こす。うめき声，うなり声，ぐずり声を上げることもあるが，泣き出すことはない。呼吸は不規則になる。
5	泣いている状態。ぐずりから始まり，大きな力強い泣きに至ることもある。呼吸は泣き声に従う。

出所：Prechtl, H.F.R. (1974). The behavioural states of the newborn infants: a review. *Brain Research*, **76**, 184-212. および大藪泰（1992）．新生児心理学．川島書店．などを参照して作成．

ローザル期に入り，2時間前後もその状態を持続することがわかっています。ただし，実際にはこの時間帯でも行動状態は短い周期で2～4の間をコロコロと移ろいでおり，決して一定ではないのです。自発的に3とか4にスイッチを切り替えていくあたり，ある意味で赤ちゃんが自分で心と身体をバランスよく育てようとしている証拠にも思えます。

さて，しばしば育児書には「新生児（赤ちゃん）は1日の大半の時間眠っています」と書いてあります。それは本当なのでしょうか？　ある父親は次のような実感を述べています。

　育児書には，最初は子どもは寝てばっかりです，と書いてありました。そうか，そうすると研究まとめの時間が〇年振りに取れるぞ。英語の勉強でも十数年振りにするか。本をたくさん書くか。すべて当てが外れました。それどころか泣いてばかりです。てんやわんやです。夜泣きしますか？　近所の人がよく聞きます。します，します。夜の1時頃から始まって，わぁぁ～～，

▷14　Emde, R. N., Swedberg, J., & Suzuki, B. (1975). Human wakefulness and biological rhythms after birth. *Archives of General Psychiatry*, **32**, 780-789. および大藪泰・田口良雄（1985）．乳児の行動状態に関する研究Ⅲ——出産直後の行動状態の検討．日本新生児学会雑誌，**21**，321-327．など参照．

と一晩中で，昼前に疲れてぱたっと終わります。おや，うちもそうだったんですよ。と，おばさんたちは私たちを励ましてくれます。色々聞いてみると，みんなそうやないか。最初は子どもは泣いてばっかり，が普通やないか。育児書は嘘書いているのか？？？[15]

「新生児は１日の大半の時間眠っています」と言われても，実際に育てている親のなかには，「いつになったら眠ってくれるのか」というくらい赤ちゃんが起きて（特に泣いて）いるように思える人も少なくないでしょう。育児書との矛盾に直面すると，特に新米の親などは，「どこか悪いのではないか」「寒いのかも，いや暑いのかも」「自分の関わり方がいけないのか」などと色々考え込んだりするものです。睡眠時間を奪われると（特に"細切れ睡眠"を強いられると），親もだんだん思考力や判断力が鈍ってきて，冷静に対応できなくなるものです。

　育児書や発達心理学の教科書が嘘を書いているというわけではありません。赤ちゃんの状態を先の表１－１のような基準で分類し，それぞれの状態の時間を加算して計上すれば，間違いなく赤ちゃんは「１日の大半の時間眠っている」のです。それは基本的に「24時間分の〇〇時間」という大変大雑把な，でもある意味では客観的な認識の仕方によります。しかし，先に見たように，実際には赤ちゃんの状態はコロコロと変動を繰り返しているのであり，親にしてみると「あ，泣いた」「と，あれ，眠ってる……やった！」「と，思ったらはしゃいでる!?」というのが偽らざる実感なのです。私たちには，赤ちゃんについて何が正しいかを探し求めるより，むしろ，医学的・心理学的な「事実」と，実際に育てる者の「実感」とはだいぶ異なるものだという認識こそが必要なのだと思います。

▷15　和歌山大学教員の富田晃彦氏の育児休業体験記より（和歌山大学教職員組合機関誌「くれない」1285 号，2005年３月15日掲載）。富田氏の体験記はWebで公開中（URL：http．//www.wakayama-u.ac.jp./~atomita/ikukyu/）。

（3）関係を結ぶということ

①見知らぬ人

筆者がある保育所にうかがった時のことです。玄関脇に0歳児の保育室があったので，戸外からなかをのぞくことができました。

> 【エピソード1-5 「見知らぬ人」がやってきた】
>
> 　保育室をのぞくと，数人の赤ちゃんと保育者が見えました。赤ちゃんのうち2，3人はすぐに窓の外の「見知らぬ人」に気がつき，固まったようにジッと見つめつつ，両手はスーッと保育者の方へ。下半身もズリズリと保育者の方へ。保育者の太ももあたりを触りながらも，まるでフクロウのようにぐりんと首だけ窓の外の「知らない人」に向け，じーっ。つかまり立ちができる子は保育者の背中に回り，両肩に手をかけて，保育者の頭の脇からこちらを見つめています。保育者の顔をチラと見ては，また「見知らぬ人」に視線を移すことを繰り返している子もいます。しっかり注意深い慎重派の赤ちゃんがいる一方で，1人か2人は「ワレ関せず」とばかりに一心不乱に布製玩具をしゃぶる人，木製ハンマーでガチンガチンと何かを叩いている人などツワモノ派もいます。また，はじめからニッコリとこちらを見ている微笑派もいます。保育者は慎重派の赤ちゃんそれぞれに，何やら語りかけながら，頭をなでてやったり，背中や腰のあたりを触ってやったりしています。

エピソードを読んで，だいたいの月齢が浮かびますか？　想像できる場合，どのあたりの記述がヒントになるでしょう。エピソードのなかには，信頼関係の側面，社会認知的な側面，運動の側面，そして個性と呼べる側面などが散りばめられています。

この時筆者が出会ったのは，生後8ヵ月から12ヵ月頃の赤ちゃんたちです。月齢的には"慎重派"が典型でしょう。いわゆる「人見知り」が本格化する時期だと言われます。乳児が他者や外界をどう感じ取っているかについて，表情（特に微笑）はもっとも有力な指標の1つです。微笑は新生児段階ですでに見られますが，その時の微笑は体内の生理学的な変化に伴うものや（生理的微笑，自発的微笑），聴覚的な刺激に誘発されて生じる場合もあります（誘発的微笑）。目覚めている時ではなく，まどろんでいるような状態の時に見られます。

生後2,3ヵ月になると,目覚めている時に,人を見るとほほえむようになります。誰にでもニッコリするので,「愛想を振りまいている」と,少しジェラシーを感じる親もいるでしょう。しかし,誰にでもほほえむというのがこの時期の特徴で,ウィーン生まれの精神分析医スピッツ(Spitz, R.A.)は,これを「3ヵ月(無差別)微笑」と名づけました。[16]

　徐々に乳児の微笑には社会的微笑(人に向けられた微笑)が増えていきますが,生後半年頃から,無差別ではなく差別した微笑が目立つようになってきます。つまり,「見知らぬ人」にはすぐに愛想を振りまいたりせず,心を許せる人に対して選択的に微笑をするようになるのです。おおむね生後8ヵ月前後に典型的な傾向として,スピッツはこれを「8ヵ月不安」と呼びました。

　とはいえ,人見知り(8ヵ月不安)も個人差が大きいものです。先に見た気質も関係するでしょうし,その赤ちゃんがどういった人間関係のなかで生活しているか(家族の規模やきょうだいの有無など)も影響するでしょう。泣くとかほほえむといったような,はっきりとした指標だけではなく,赤ちゃんの視線の使い方や動き,姿勢といったものも大事な情報です。エピソード中に,「保育者の太ももあたりを触りながらも,まるでフクロウのようにぐりんと首だけ窓の外の『知らない人』に向け」という表現があります。ここを「保育者の太ももあたりを触りながら窓の外の『見知らぬ人』を見た」としても間違いではないのですが,「フクロウのようにぐりんと首だけ」というあたりが赤ちゃんの内面を描写するために必要な観察の観点なのです。

　発達は平均値的な見方だけでなく,同じ子どものなかでの変化(個人内変動)を見ていく必要があります。無差別微笑だった赤ちゃんが"慎重派"に変身し,「見知らぬ人」に声をかけられるとワッと泣き出すというのは1つの典型的なパターンにすぎません。たとえ泣かないとしても,よくその子を見ていると,以前は「見知らぬ人」そのものに無関心だったのが,最近では遊びを中断して

▷16　Spitz, R.A. (1965). *The first year of life : A psychoanalytic study of normal and deviant development of object relations.* New York : International Universities Press.

第1章 「ぼくだれかしらない でもぼくいる」

見るようになったということがあります。なかには，フクロウのように，ある意味では無茶な姿勢のまま見ようとする姿があるものです。行為を中断させたり，決して楽ではない姿勢を取ってでも注意を向けようとするのは，赤ちゃんたちが何か新しい事柄に気づき始めている証拠かもしれません。これも1つの「人見知り」の現れ方だと考えられるのです。

②泣くに値する人

　乳児がどのような環境で育てられるべきかについて，そう簡単に結論が下せるわけではありません。しかし，養育者に解釈されることを必要とする人間の赤ちゃんにとって，環境が応答的であるかどうかは根本的に重要な性質です。この点について，非常に示唆的なエピソードがあります。

　日本でもホスピタリズム[17]が問題となっていた1960年代のあるキリスト教育児院の実践です[18]。保母長（当時の呼称）のT先生は，その日我が子のWちゃんを連れて仕事に来ていました。事務室で仕事をしていると，保育室で他の子に混ざって遊んでいたWちゃんの泣き声が聞こえました。T先生はとっさにWちゃんのところに飛んでいこうとしたところで，ハタと気づきます。乳児というのは，本来このように泣き，そして聞き取られるものなのだ，と。

　当時この育児院では，ホスピタリズムの症状を示す赤ちゃんの姿が問題になっていたそうです。上のエピソードを紹介している久保田氏は，当時のある男児の様子を以下のように記しています[19]。

　　デパートの幼児コーナーに捨てられていた推定6ヵ月くらいの男の子が入って来た。この子は誰にも，筆者にも，ほほえみかけて接触する。しかしすぐに離れて窓の方へ這い外を見る。誰か来るとまた近づいて接触するがまた

▷17　ホスピタリズム：乳児院などの児童福祉施設で，栄養や衛生を万全にしても子どもたちの成長が芳しくなく，情緒面はじめ広汎な障害が生じる現象。
▷18　久保田正人 (1993). 二歳半という年齢――認知・社会性・ことばの発達. 新曜社. pp. 65-66.
▷19　久保田 (1993). 前掲書. p. 67. より.

離れる。元気だし気嫌は悪くないのでたいして問題のない子ですかときくと，この子の異常さは24時間見ているとわかると保母が言った。すなわち，やがて昼寝でベビーベッドに入れられると，この子はタオルひとつ握ってピタリとおとなしくなり決して泣かない。食事は食べさせてもらい夜はベッドに入れば夜中も泣かない。手がかからない。そして昼はさきほどの様子で一日過す。

　T先生はWちゃんとの一件をきっかけに，各保育者が何人かの園児を専属の子どもと意識して保育に当たってはどうかと提案したそうです。勤務の外観は変わらなかったそうですが，保育者たちの声かけや行動は変わりました。たとえば，専属の子が泣いていたら「はいはい，遅くなってごめんね」とか，場を離れる時は「待っててね，すぐ来るからね」というような具合です。この方法を取り入れてしばらくすると，興味深いことが起こりました。赤ちゃんたちがよく泣くようになったというのです。
　赤ちゃんたちは，ある意味で自分を"ひいき"してくれるような保育者の関わりから，自分の情動をどこに向けて発すればよいのかに気づき始めたのかもしれません。T先生とWちゃんのように，お互いに他ならぬあなたとして認め合う関係のなかで，赤ちゃんたちは「泣くに値する人」を見つけた，と言えないでしょうか。

（4）コーキシンよ，どこまでも
①見極める力
　かつて赤ちゃんは五感も未発達で混沌としており，外界と自分との区別もつかない無秩序な世界を生きていると考えられてきました。心理学の始祖の1人であるジェームズ（James, W.）が，1890年に著した *The principle of psychology*（『心理学の原理』）のなかで，赤ちゃんの体験世界を"one great blooming, buzzing confusion（咲きほこるガヤガヤした巨大な混沌）"と表現したことはよく知られています。これは，赤ちゃんの（自他）未分化性と言われます。

第1章 「ぼくだれかしらない　でもぼくいる」

図1-1　パスカリスら（2002）で使用された刺激図版

出所：Pascalis et al. (2002). より。

　逆に今日，赤ちゃんのもつ知覚的弁別能力（外界の対象を区別し，見極める能力）に関する研究知見は膨大に積み上がっています[20]。たとえば，2002年に著名な総合科学雑誌『サイエンス（Science）』に掲載された，イギリスの乳児心理学者パスカリス（Pascalis, O.）らの実験を見てみましょう[21]。

　パスカリスらは，乳児の顔知覚能力を調べるために，生後6ヵ月と9ヵ月の満期産の乳児各30名と，11名の成人を対象に，図1-1のような刺激図版を用いて実験を行いました。まず，2人の異なる人物の顔の静止画をのうち片方の写真をコンピュータ画面上に提示します。被験者はそれを見ますが，やがて飽きてきて見なくなります（馴化(じゅんか)と言います）。そこで，次に先ほどの人物の静止画ともう一方の人物の静止画を並べて提示します。この時，もし被験者が新

[20]　山口真美・金沢創（編）(2008). 知覚・認知の発達心理学入門――実験で探る乳児の認識世界．北大路書房．などを参照。
[21]　Pascalis, O., de Haan, M., & Nelson, C.A. (2002). Is face processing species-specific during the first year of life?. *Science,* **296**, 1321-1323.

しく提示された方の顔をより長くみるのであれば，2つの顔を区別していると考えるのです。これを2匹の異なるサルの顔の静止画でも行いました。結果として，6ヵ月児は人間でもサルでも区別を示しましたが，9ヵ月児と大人は人間の顔は区別したものの，サルの顔は区別しませんでした。

　私たちは見慣れた対象については細かな部分まで弁別できるようですが，そうでない対象についてはあまり見極めることができないと言われています。たとえば，車好きの人は，夕暮れ時にシルエットしか見えない車の車名をピタリと言い当てたりしますが，車に興味のない人にはどれも同じに見えるものです。同じように，霊長類学者はサルの顔の区別が得意でしょうが，普段色々なサルを見て暮らしていない人にとってはどれも同じに見えるということです。幼い赤ちゃんはまだこうした経験の効果が小さいためか，大くくりで「同じ」とは見ず，ヒトでもサルでも同じように見極めようとするようです。

　ただ，パスカリスらの実験では，生後9ヵ月児はすでに大人と差がない結果でした。私たちの知覚機能は，経験によって，徐々に区別できるもの（区別する必要があるもの）と区別できないもの（区別する必要がないもの）を分けていく性質があるようです。日本人にとって聞き取るのが難しいとされる /l/ と /r/ の発音も，0歳児には弁別できると言われています。子音＋母音の構造（CV構造）をもつ喃語（例：/ba/ や /ma/）が出始める生後半年頃には母語の母音が，喃語で盛んに"おしゃべり"をするようになる10～12ヵ月頃になると母語の子音が，それぞれ成人に準ずるレベルで獲得されます。[22] こうして，喃語の段階ですでに母語のイントネーションや分節構造をもっていると考えられています。赤ちゃんはある言語に自分を合わせていく代わりに，別の言語の発音を聞き分ける能力を失っていくのでしょう。

　確かに赤ちゃんの知覚的弁別能力は優れています。それは新しいことを学習するためには有利であると言えるでしょう。しかし一方で，新しく出会った物事を逐一「これは何か」と見定めていたのでは時間がいくらあっても足りませ

▷22　梶川祥世（2008）．音声の獲得．小林春美・佐々木正人（編）新・子どもたちの言語獲得．大修館書店．pp. 47-70.

ん。認知的コストが高すぎるのです。6ヵ月の赤ちゃんのように細かく見比べようとしてしまうことは、ある意味では不自由なことかもしれません。私たちはあまり細かい差異にとらわれず、だいたいの枠で物事を認識できることで、環境下の膨大な情報を手際よく処理でき、残った時間や認知資源を使って創造的な活動に従事することができます。こうした低コストの外界認知と創造活動を可能にするのが、ことばや表象、概念の発達です。これらの発達については、次章以降で取り上げていくことになります。

②気づいたらやっていた

【エピソード1-6　油とクレンザーとマーくん】

　1歳1ヵ月のマーくんが何かしています。掃除機をかけているお母さんはまだ気づいていません。マーくんは台所のシンク下から何かを出しました。油の入った缶です。お母さんはガーガーお掃除中。マーくんはすこぶる真剣な面持ちで、缶の上についたアルミホイルをはがしました。ポイッ。缶を振ります。タプタプッ。油が飛び出して、マーくんのほっぺに少しつきました。マーくんは少しピクっとして驚きますが、泣きません。人さし指で缶に空いた穴を、ほじほじ、ほじほじ。そしておもむろに缶をひっくりかえし、トクトクトクトクッ……。気持ちよく油が床に広がっていきます。もちろんお母さんは気がつきません、お掃除に夢中ですから。マーくんは床に広がった油を見てやや興奮、座ったままお尻を2, 3回もち上げるようにドンドン。「ヤッ」と言いながら油の広がった床に両手をつき、左右に動かします。手はベトベト、ヌルヌル……！　感激したまま、シンク下のクレンザーに手が伸びます（お母さん、いよいよキケンです！）。油まみれの床に、クレンザーが盛大にまかれました。さあ、油とクレンザーとマーくんの饗宴です。マーくんは光景と感覚に酔いしれています……。とその時、「キャー！」。室内に響きわたる悲鳴。お母さん、とうとう気づいてしまいました。悪夢です。マーくんは、ピクッとして、ワッと泣き出しました。もうわけがわかりません。お母さんもわけがわかりません。「なんでー、どぉうして、こんなことしたのっ!?」と、お母さんは矢継ぎ早にマーくんを問いただしつつ、口に入っていないかなど確かめます。内心、聞いても無駄だとわかっているのですが、こういう時、こうでも言わないと何だか収集がつかないものなのです。

　マーくんは遊んでいました。ただ、それだけです。理由はありません。目的

もありません。「気づいたらやっていた」という世界です。大地保育論を提唱する塩川寿平氏の著作に『名のない遊び』(フレーベル館，2006年) があります。この本には，"○○遊び" と名づけられることを拒否するかのような，子どもたちの奇想天外な姿があります。いや，より正確には，子どもたちがしていることを，インスタントに "○○遊び" という枠で見ないことによって映し出された姿がある，と言えるかもしれません。大人は遊びにも目的を欲しがりがちですが，どうも子どもたちはそうではなさそうです。「〜のために」という発想より，「とにかくやっている」「気づいたらやっている」ということが多いのです。

③好奇心の起源

こうした心性は，一般に好奇心 (curiosity) と呼ばれるものです。好奇心は，心理学的には新奇なものに対する関心，接近および探索のことです。ここでいう「新奇」とは，純粋に初めて出会ったものだけを指すのではなく，見慣れたもののその使い方を変化させることなどにも当てはまります。つまり，好奇心は新しいものに対する関心だけでなく，おもしろさをつくり出すことへの関心と行動をも含む概念だと考えた方がよいでしょう。では，好奇心はいつ頃，どのように現れてくるのでしょうか。近年の研究を見ると，好奇心の起源は胎児期に遡ることができるかもしれません。

ここ数年で，エコー (超音波画像診断装置) が急速に発達し，母親の胎内における胎児の様子をはっきりと観察できるようになってきました。胎児は妊娠8週頃から反射とは別の自発的な運動 (ジェネラル・ムーブメント) を行い始め[23]，20週頃には指しゃぶりをする子もいるそうです。さらに驚くべきは，胎児が指しゃぶりを予期的に行っているらしいということです。ある研究によれば[24]，妊娠22週を過ぎた胎児たちが，自分の指が口周辺に来た時だけ，指が口に入る前に口を開けることが示されました。こうした予期的な開口は，指が耳やおでこ

▷23 赤ちゃんの運動発達の概略については，小西行郎 (2006). 知れば楽しいおもしろい赤ちゃん学的保育入門. フレーベル館. がわかりやすい.

▷24 明和政子 (2008). 身体マッピング能力の起源を探る. ベビーサイエンス, 8, 2-13.

に向かって動いた時には生じないのだそうです。その後胎児は，繰り返し指しゃぶりをするようになります。このほか，胎児は胎内でハイハイ運動をしてみたり，手で顔を触ってみたりなど，実に多様な行動を取っているようです。母親にはこれらは胎動として感じ取られており，胎児について「動きたい」「自己主張している」「喜んでいる」など，ここでいう好奇心とも関連が深い語彙で表現されることが示されています。◁25

④「同じこと」を繰り返す

　子どもが飽きもせずに同じことを繰り返していることがあります。保育所に遊びに行くと，まだ「お兄さん」と呼んでもらえる時があるので，それではとばかりに相撲を取ったり，オニゴッコをしたりします。相撲で，子どもが束になってかかってきます。「ぬぬぬぅ～」とやられそうなフリをして，土壇場で「おりゃあ～」とみんな倒します。「もう1回！」。必ずきます。「ぬぬぬぅ～」「おりゃあ～」「もう1回！」。「ぬぬぬぅ～」……。子どもと関わることの多い方なら，ありふれた出来事でしょう。どうして子どもは，こうも同じことを飽きもせず繰り返すのでしょう？

　いや，子どもに言わせるとこの問いは間違っているのです。なぜなら，子どもたちは「同じこと」をしているつもりはないからです。1回1回，違うのです。何が？　プロセスが，です。

　大人にとってみると「同じこと」が，子どもにとってみると「違う」。これ，どこかで聞いたようなフレーズです。乳児の知覚的弁別能力の有能性を示した，パスカリスの実験に触れたところで出てきたものです。大人はどうも大くくりで物事を捉えようとするところがあり，これはこれでコスト対策としてはよいのですが，冷めているとも言えます。子どもは同じに見える1回1回を，大くくりにではなくそのプロセスの違いを楽しんでいるように思われます。スキーやスノーボードをする人にはわかるかもしれませんが，同じスロープを何度滑

▷25　岡本依子・菅野幸恵・根ヶ山光一（2003）．胎動に対する語りにみられる妊娠期の主観的な母子関係――胎動日記における胎児への意味づけ．発達心理学研究，**14**，64-76．

ってもそれなりに楽しめるものです。その理由として，同じスロープといってもまったく同じ斜面や雪の状態ということは決してなく，実は少しずつ違う環境が与えられているということがあげられます。同じに見えて毎回異なる条件があり，それがプロセスの違いをもたらすので楽しいのです。

　赤ちゃんは，幼児に輪をかけて「同じことの繰り返し」を好みます。指しゃぶりに始まり，足の指しゃぶり，両手あわせの手もみ，ガラガラの操作，机バンバン叩き（ときどき頭で壁ガンガン），色々な種類の食具で皿カンカン，と自分の身体と環境（対象）とを使って，行動とその結果を繰り返し再現させます。スイス出身の発達心理学者ピアジェ（Piaget, J.）は，こうした行動を循環反応（circler response）と呼んでいます[26]。もう少し厳密に言うと，自分の身体のなかで行動と結果（運動と感覚）を反復するのが第一次循環反応（例：指しゃぶり），対象への働きかけの反復は第二次循環反応（例：ガラガラ），対象への働きかけを実験的に色々変化させながら繰り返すのが第三次循環反応（例：色々な食具でのカンカン）に区別され，順番に発達していきます。循環反応は，基本的に快の感覚を再現させようとします。

　循環反応において，発達初期からもっとも頻繁に使われる身体部位は口唇部です。口は胎児期から神経系がよく発達している器官なので，外界を認識するために有用ですし，しかも快を引き起こす部位です。その意味で，「好奇心のアンテナ」とも言えるのが口です。しかし，好奇心にはリスクがつきものです。０歳から１歳にかけては，タバコやビー玉などの誤飲による悲しい事故も起こりやすいという現実があります。子どもの発達とリスクの関係は，常に表裏一体のものですから，発達理解と環境構成を同時に考えていくことが必要でしょう。

⑤なぜ，棒をもつのか

　親や保育者にとっては困ることの多い「何でも口にもっていく」期は，１歳

▷26　もともとはアメリカの心理学者ボールドウィン（Boldwin, J. M.）が使い始めた概念を，ピアジェが独自の認知発達理論のなかで発展させた。ピアジェ，J., 谷村覚・浜田寿美男（訳）（1978）. 知能の誕生. ミネルヴァ書房.

前後から少しずつおさまっていくでしょう。口に代わって，環境探索により適した部位が発達してくるからです。すなわち，手です。

1歳台くらいですと，まだ利き手が定まっていない子も少なくないと思われますが，手が新しい好奇心のアンテナになってくるとは言えるでしょう（とはいえ，口も未だに健在）。つたい歩きからヨチヨチしだした赤ちゃんは，とにかく環境内のあらゆるところを探索して歩きます。引き出しを手当たり次第に開けて中身を出し，お掃除できていない窓サッシの溝を指でスイーっとなぞり，穴を見つけたら1つずつ指を突っ込んで歩きます。この時期，家中の戸棚にロックをかけ，台所の入り口にガードをつけ，コンセントにキャップをかぶせている家庭も少なくないでしょう。赤ちゃんのためとはいえ，親にとっても不便な環境です。

写真1-2　棒は遊びの誘発材

でも，時にはよいこともあります。赤ちゃんの飽くなき探索のおかげで，行方不明だったお気に入りのボールペンが出てくることがあるかもしれません。また，あるお父さんによれば，息子さんは1歳過ぎ頃から，自動販売機のおつり返却口を熱心に探索して歩くようになったそうです。そのおかげで，お父さんのタバコ代ができました。息子サマサマの世界です。

さて，屋外に出ると，子どもの探索欲求は一段と輝きを増します。しばしば，道端や茂みに落ちている棒を拾い，それでもってあちこちをつついたり，叩いたりして歩き回ります（写真1-2）。まだヨチヨチ歩きの時は特に，転んだは

▷27　利き手が定まってきて，左右手の機能分化（例：片手で折り紙をもち，もう一方の手でハサミをもち，切る）が本格的になってくるのは一般に2〜3歳頃。

ずみに棒をのどに突き刺すのではないかとハラハラするものです。ただ，口から手へ，手から道具（棒）へという変化は，赤ちゃんの認識と運動の発達において非常に重要なステップであることは事実です。先述の『名のない遊び』には，棒をもった子どもたちの写真がたくさん出てきます。棒や草や落ち葉は，名のない遊びの誘発材と言えるでしょう。

（5）「他者」になりつつ「自己」になる

①環境と自己

赤ちゃんは混沌とした世界に生きていて自分と他者の区別がつかないという，古典的な自他未分化の考え方は，今日ではあまり受け入れられていません。赤ちゃんは生まれながらに，あるいは胎児期から環境と自己を区別していることを思わせるデータが出てきているのです。たとえば，フランス出身の乳児心理学者ロシャ（Rochat, P.）らは次のような実験結果を報告しています。[28]

ロシャらは5名の新生児（生後18時間以内）と11名の生後4週児を対象とし，いたってシンプルな実験で興味深い結果を提出しました。実験は，赤ちゃんの口周辺を2種類の方法で接触するだけです。①実験者の手で触る，②実験者が赤ちゃんの手をもって赤ちゃんの手で接触。前者をシングルタッチ，後者をダブルタッチと呼びます。シングルタッチでは，赤ちゃんは〈触られている〉という感覚だけがありますが，ダブルタッチでは〈触っている－触られている〉という二重の感覚が生じます。この2条件で赤ちゃんの口周辺を接触したところ，新生児ではシングルタッチで，4週児ではダブルタッチで，より多くの口唇探索が生じました（図1-2）。

新生児には生まれつき多くの原始反射が備わっています。随意運動が未熟な[29]

---

[28] Rochat, P., & Hespos, S. J. (1997). Differential rooting responses by neonates : evidence for an early sense of self. *Early Development and Parenting*, **6**, 105-112.

[29] 随意運動：特定の身体部位を自分である程度適切に動かすことができるような運動。不随意運動は，反射のほか，四肢等の麻痺によって思っているのとは異なる動きが産出されてしまうような運動。

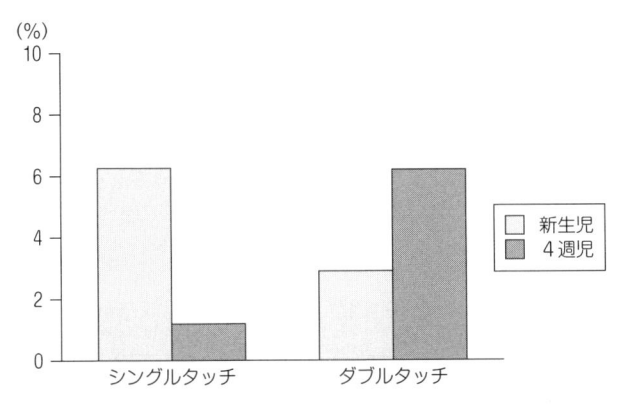

第1章 「ぼくだれかしらない　でもぼくいる」

図1-2　刺激する主体の違いによる口唇探索反応の出現率
出所：Rochat & Hespos（1997）．から筆者作成。原著のグラフとはシングルタッチとダブルタッチのバーを左右入れ替えている。

状態でも，生存に必要な運動が自動的に生じるようになっているのです。その代表格の1つが口唇探索反射（rooting reflex）です。赤ちゃんの口の周りを刺激すると，その刺激された方に向かって口唇部が動き出します。乳首をくわえて哺乳するためです。一般的には，反射は感覚器への刺激に対する1対1対応の反応と考えられているので，皮膚接触の圧を一定にしさえすれば，シングルタッチでもダブルタッチでも等しく口唇探索が生じるはずでした。しかし，生後間もない新生児はシングルタッチの時に，ダブルタッチの時の倍以上もの確率で口唇探索を示しました。

ロシャらは，この結果を新生児がすでに環境と自己との区別をつけている証拠として解釈しました。口唇探索が適切に生じるためには，自分の手が偶然口周辺に当たった場合と外部のもの（できれば乳首）が口周辺に当たった場合とで区別して反応した方が適応的です。そのため，新生児の身体は二重感覚が生じた時には口唇探索を抑制するようにできているようなのです。

一方，4週児がダブルタッチ条件でより多く口唇探索を示したのは，この時期から活発化する指しゃぶりへの予期的な反応ではないかとロシャらは考えています。この結果から，ロシャらは口唇探索は反射（reflex）というよりも，

49

ある程度選択的な口唇探索反応（rooting response）と考えた方がよいのではないかと述べています。

このように，赤ちゃんはかなり初期の段階から自己と環境とを区別したような振る舞いを示すので，自他未分化説に代わって，赤ちゃんは生まれながらに生態学的自己（ecological self）を備えていると主張する研究者もいます。◁30

②他者になってしまうこと

生態学的自己というアイディアは，赤ちゃんに関する新しい見方を与えてくれます。赤ちゃんはぼんやりと生きているだけでなく，身体感覚としての自己をフル活用して環境と渡り合っているのです。しかし，エピソード1-3で見たように，特に対人的な状況では赤ちゃんの自己は他者に大きく影響を受け，伝染的な性質をもっています。

赤ちゃんは他者の動態にたいへん敏感に反応し，またよく観察しています。そのなかで，思わず同じ表情をしてしまったり，同じ動きをしてしまったりということがあります。かつて，模倣は生後8ヵ月頃から発生すると考えられていましたが，今では新生児模倣（neonatal imitation）という現象も知られています。◁31 赤ちゃんは他者の動きや情動につられやすいのです。

【エピソード1-7　気づいたら眠っている】
　とある病院内保育所での1コマ。病院関係者の子どもたちが生活する保育所なので，親が夜勤の時は子どもたちは保育所で寝起きをします。1歳半のダイちゃんは，その晩なかなか寝つきませんでした。アルバイト保育者のYさんはおめめパッチリでモソモソと落ち着かないダイちゃんを寝かしつけようと，トントンしたり，子守唄を歌ったり，あの手この手を使っています。でも，ダイちゃんは眠りません。Yさんも1日の疲れがたまっているので，どうしようもなく眠くなってきました……。「ハッ！」と気づくと，どうやらウトウトから眠り込んでしまったようです。時計を見ると，15分ほど経っていました。ダイちゃんを見ると，なんとスヤスヤと眠っているではありませんか。

▷30　Neisser, U. (1993). *The perceived self : ecological and interpersonal sources of self-knowledge.* Cambridge : Cambridge University Press.

家庭や保育所でもよくある出来事だと思います。大人は色々仕事が残っていることが多いので，できれば子どもだけ寝かしつけて，自分は覚醒を保っておきたいものです。「自分も眠ることによる寝かしつけ」は，多くの場合最後の手段でしょう[32]。ただ，赤ちゃんが添い寝をしている人につられて眠るということには科学的根拠があるようです。隣で親が眠り始めると，それに合わせて赤ちゃんの心拍に変化が起こり（心拍間隔変動の同期），徐々に眠るための生理的状態になっていくことが示されています。「引き込み」と呼ばれる現象です[33]。

一方，近年筆者は「つられる（同じ状態になる）」とはまた少し違った興味深い現象について検討しています。すなわち，赤ちゃんが他者の（近未来の）体験を自分のことのように感じるかどうかについてです。やや SF 的な話に聞こえるかもしれませんが，ごく簡単な例として次のようなものがあります。梅干を食べたことのある人が，TV でタレントが大きな梅干を食べようとするところを見ると，まるで自分が酸っぱいように顔をしかめる，というようなものです。この時，もしタレントが酸っぱそうな顔をしたのを見て，酸っぱそうに顔をしかめたのなら，情動伝染や模倣の一種であると考えられます。しかし，もし相手が食べる前に，あるいは何の表情も示していないのに，見ていた人が酸っぱそうな表情をするとしたらどうでしょう。これは模倣というよりも，味覚の擬似体験のような現象であり，筆者は擬似酸味反応（virtual acid response）と呼んでいます。

筆者はレモンを用いた実験で，生後5，6ヵ月の乳児にも擬似酸味反応が生

▷31　新生児模倣が後の意図的模倣と連続性をもつ，真の模倣の仲間であるかどうかについては意見が分かれている。模倣説のほかに，反射の一種であると考える説，探索行動の一種であるとする説などがある。

▷32　筆者らの研究では，子どもの睡眠に関する悩みは0歳と3歳以上の子をもつ保護者に比べて，1，2歳の子をもつ親に多かった。悩みの理由でもっとも多いのは「なかなか眠らない」であった。そして，1，2歳児の保護者が他の年齢よりも多く用いる寝かしつけ方法が，「自分も一緒に眠る」であった（川田学・畑倫子・渡部未来 (2005). コミュニケーションとしての睡眠——睡眠の自律化と親子関係の発達的変化. 家庭教育研究所紀要, **27**, 61-70.)。

▷33　渡辺富夫 (1999). エントレインメント（引き込み）と親子の絆. 正高信男（編）赤ちゃんの認識世界. ミネルヴァ書房. pp. 51-74.

事前にレモンを食べた経験のある乳児に，実験者が真顔のままレモンを食べるところを見せる

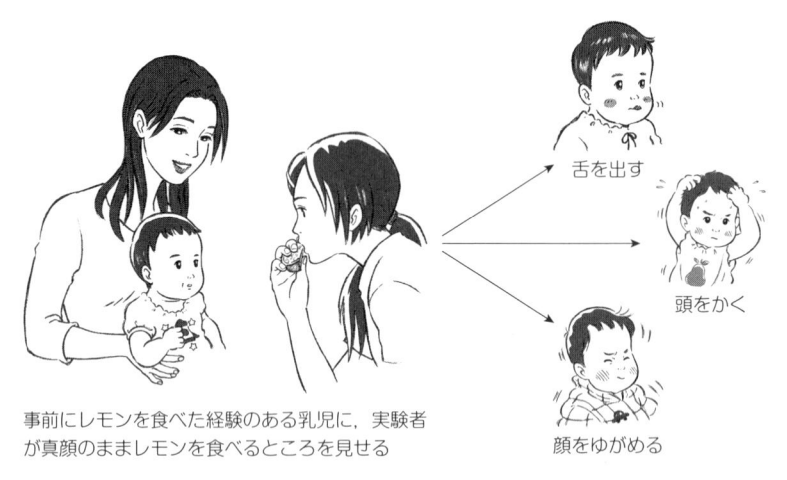

舌を出す
頭をかく
顔をゆがめる

図1-3　川田（2011）による擬似酸味反応の実験

じることを明らかにしました（図1-3）。事前にレモンを食べた赤ちゃんたちは，しばらく遊んだ後に実験者がレモンを真顔のまま食べる場面を見せると，眉間にシワを寄せたり，頬をひきつらせたり，盛んに舌を出すなどしました。こうした反応は，事前にレモンを食べていない赤ちゃんたちにはほとんど見られないものでした。レモン摂食経験のある赤ちゃんたちのなかには，身を大きくのけぞらせたり，頭をかきむしったり，両足を高く上げて足の指をすべて開いてしまうなど，興奮しているような姿を見せる子もいました。あるいは，実験者が口に入れているレモンに手を伸ばし，必死の形相でむしりとろうとする子もいました。[34]

　人間は外界のもの（特に他の人間）も自分と同じように「心」をもった存在として認知しやすいと言われていますが，さらには他者に起こった出来事をまるで自分のことのように感受してしまう傾向があるのかもしれません。それが生後半年ほどの赤ちゃんにおいてすでに発達しているとすれば，驚くべきことです。

▷34　川田学（2011）．他者の食べるレモンはいかにして酸っぱいか？——乳児期における擬似酸味反応の発達的検討．発達心理学研究，**22**，157-167.

第1章 「ぼくだれかしらない でもぼくいる」

　赤ちゃんは生まれながらにある種の自己の感覚をもっているかもしれない一方で，発達初期から他者の境遇に自分を重ねてしまう，もっというと「他者になる」という瞬間を体験しているのではないか。こうしたことを考えると，やはり自他未分化説も捨て去ることができないように思われます。人間の複雑な社会性，あるいは多重性をもつ人格の発達ということを考えた時，「他者になる」プロセスが「自分づくり」の基盤にあるのだという，ある意味逆説的な発達のしくみが見えてきます。

　③自主独行の精神

　エピソード1-4のマイちゃんを思い出してください。彼女は私たちが「存在感2.0」を感じてしまうような，ある程度明瞭な自分の意志を表明していました。0歳の終わり頃から1歳前半にかけて，赤ちゃんたちは様々な場面で養育者との葛藤を経験します。比較的大人しかったミノルくんにも，変化が訪れました。

【エピソード1-8　ボクが思っていることとチガウ！】
　ミノルくん11ヵ月，離乳食の時のこと。お母さんの差し出しにテンポよく応答し，パクリと食べてほほえみ合うという光景が今日もよく見られました。お母さんのスプーンや器に手を伸ばすことも少ないようです。食事の最後になって，お母さんが哺乳ビンを見せると，ミノルくんはにっこりほほえんでそれに手を伸ばしました。「それはボクの」という感じでした。しかし，お母さんはこぼれたり落としたりすることを恐れてか，ミノルくんが両手で握る哺乳ビンから決して手を放さず，添え続けました。ミノルくんは必死になってお母さんから哺乳ビンをもぎとろうとしますが，お母さんの力には勝てません。とうとうミノルくんは顔を真っ赤にして怒り出し，哺乳ビンを突っ返すように押し，「ひやややぁ〜！」と泣き声をあげながら両手で哺乳ビンを激しく叩き始めました。お母さんは「どうしたのー？」と不思議顔。ミノルくんの怒りは収まりません，「ひやややぁ〜」（バンバン！）。結局，あんなにうれしそうだったミルクを飲むことができないまま，怒り疲れたのか，両手を広げたお母さんの胸に抱かれたのでした。

　こうした赤ちゃんの姿は，日本の発達研究で「つもり」[135]とか「…ダ！」[136]の認識と呼ばれてきたものに相当するでしょう。「このようにしたい」という自分

の思いができ始め,一直線に思いを実現しようとする力強さがあります。意図性（intentionality）の発達と呼んでもよいのですが,「意図」という用語には情動的なものの内実が欠落しているようで,あまりしっくりきません。ミノルくんの様子からは,意図と欲求と,そして自分がしているという自主独行の感覚に価値を見いだしているような,いわば「イッチョ前の心」が芽ばえているように見えます（とはいえ,まだお母さんに「おいで」と手を広げられると,吸い込まれてしまうミノルくんなのですが……）。

④「心理的トマト」の誕生

もう1つ,1歳を迎える子どもの心の世界の奥深さを教えてくれたエピソードを紹介しましょう。

【エピソード1-9　もうおんなじスパゲッティじゃない】

　ツバサくんは1歳1ヵ月,お母さんは最近,完了期に入った離乳食がおっくうで仕方ありません。つくるのが面倒というわけではないのです。毎食展開されるツバサくんとの格闘が……。その日,食べさせようとすると逃げるツバサくんを追いかけ,どうにかソファーに座ったところでツバサくんは止まりました。しかし,まったく食べる気配がありません。「これは？」と好きだったはずのトマトを差し出しますが,ツバサくんは顔をしかめてのけぞります。そこで「じゃ,これは？」と青菜を差し出してみます。ツバサくんは思いっきり顔をしかめてみせ,不快そうに手を振って「あ゜〜」と非難するような声を上げてソッポを向いてしまいます。お母さん「どうしたのぉ？」とやや非難気味で,再度「赤いのは？」とトマト。ツバサくん,またもや顔をしかめ,手で顔を隠すのでした。お母さんは「はぁっ」と1つため息をつくと,開き直ったように「じゃ,自分で食べる？」とプレートを差し出しました。すると,ツバサくんの表情が一変,トマトに手を出してパクパク食べ始めました。スパゲッティを食べる段になり,ツバサくんがうまくすくえないのを見かねたお母さん,お箸でつまんで口元にもっていくと,ツバサくんは口を一文字に結んで拒否。でも,自分では食べるのです。その後,お母さんの差し出しを受け入れたかに見えた時でも,これ見よがしに吐き

▷35　やまだようこ（1987）．ことばの前のことば．新曜社．
▷36　田中昌人・田中杉恵（1982）．子どもの発達と診断2　乳児期後半．大月書店．

> 出しては，自分で食べて見せます。「なんでー，おんなじのよ〜」とお母さん。さらに加えて，ツバサくんはお母さんの差し出しを拒否した後，今度は自分の方からお母さんに差し出し，食べさせてしまいました。攻守交代，役割逆転です。

　ツバサくんはトマトやスパゲッティといった食物そのものを拒否しているわけではなさそうです。なぜなら，お母さんが「じゃ，自分で食べる？」と言うと，表情を変えて自ら食べ出すからです。では，ツバサくんが拒否しているのは何でしょうか。考えられるのは，食物が自分の口に入るまでのプロセスに対する拒否です。言い方をかえれば，お母さんの意図に従って食べるという"やり方"が気に食わないということになるでしょう。お母さんにしてみれば，「なんでー，おんなじのよ〜」ということになりますが，ツバサくんにとっては「おんなじ」ではないのです。

　これまた，大人と子どもにおける「同じ」が違う問題です。1歳を迎える時期の子どもにとって，外界の事物は多重の意味をもち始めています。もっと幼い時，トマトはモノとしての意味（食物，あるいはおもちゃ？）だけをもっていました。好きな子も嫌いな子もいるでしょう。好きならどんどん食べますし，嫌いならたいてい吐き出します。生物学的・物理的な面で意味づけが決まってくるのです。しかし，1歳を過ぎたツバサくんにとって，トマトは2つの意味をもっています。すなわち，変わらず好きな食物としてのトマト，そして，お母さんとの関係を映す鏡としてのトマト，です。前者は「物理的トマト」ですが，後者は「心理的トマト」です。

　「心理的トマト」とは何でしょうか。それは，それをどう扱うかによって，自己と他者の関係が浮かび上がってきてしまうような不思議なトマトです。不思議すぎるので，今から〈トマト〉と表記します。

　〈トマト〉が生まれる背景を想像するために，まず別の例をあげましょう。もしあなたに恋人がいたとして，プレゼントに時計をもらったとします。次のデートの前日，準備をしているとその時計がないことに気がつきました。あなたはうろたえ，探して回りますが，とうとう出てきませんでした。悩んだあげ

く，口が裂けても「なくした」とは言えないと思い，内緒で同じ時計を自分で買うことにしました。翌日，なぜかいつもより少し早く待ち合わせの場所に着いてしまったあなた。なぜだかドキドキ。その日，あなたはいつもより恋人に優しく振る舞わずにはおれませんでした。そして，時計をはめた左手がいつもより重く感じたのは気のせいでしょうか……。

　2つの時計は客観的には同じ製品です。でも，心理的な意味が全然違うわけです。私たちにとって，周囲にある事物の多くはツバサくんの〈トマト〉と同じように，〈　〉がつくものです。ツバサくんにとって，〈トマト〉をどう扱うか（主に食べ方）は，お母さんとの関係性をありありと象徴してしまうものなのです。1歳前後というのは，赤ちゃんが〈　〉のついた事物の世界に入ってくる，心の発達における革命期とも言える時期です。

　⑤心の革命，三項関係

　トマトが〈トマト〉になってしまう変化の背景には，三項関係（共同注意）と呼ばれる新しい社会的関係の成立があります。生後半年頃までは，赤ちゃんは注意の配分など認知機能の制約から，複数の物事を総合して認識することが困難であると考えられています。そのため，おもちゃで遊び出すとそれに没頭し，周囲への注意が極端に低下しがちです。呼びかけたりすることによって赤ちゃんが相手に気づくと，今度は手にもっていたおもちゃをポロッと落としてしまったりします。そして，人との関わりに専念するのです。生後半年の赤ちゃんは，人もモノも認識することができますが，人を介してモノと関わったり，モノを介して人と関わったりするようなことはまだ十分にできません。基本的に，自分と何か（人，モノ）の関係で認識や行動をしているので，二項関係の時期と呼ばれます。

　しかし，0歳も後半になると，赤ちゃんは〈自己‐モノ‐他者〉の三項関係でコミュニケーションを行ったり，物事を認識したりするようになってきます。具体的に言えば，指さしをしたり，おもちゃで〈どうぞ‐ちょうだい〉をしたり，見知らぬ人に出会った時にお母さんの表情を見て大丈夫な人か判断する（社会的参照）というような例があげられます。三項関係の下では，モノは単な

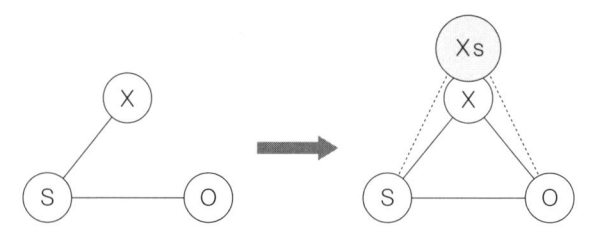

第1章 「ぼくだれかしらない　でもぼくいる」

図1-4　二項関係（左図）と三項関係（右図）
注：Sは子ども，Oは他者，Xは対象を指す。三項関係におけるXsは，心理的対象を意味する。

るモノ（自分との関係のみにおけるモノ：物理的対象）ではなく，〈モノ〉（自分と他者との関係におけるモノ：心理的対象）として生まれ変わることになるのです（図1-4）[37]。

モノをモノ以上の何かとして認識してしまうという意味で，〈トマト〉の話は次章以降で取り上げられる表象や象徴能力の発達と深く絡む問題です。1歳前半以降，こうした能力の発達を基盤として，モノを何かに見立てる象徴遊びや，自分を何かに見立てるごっこの世界が広がっていくことになります。

③　0歳児を豊かに生きるために

子どもたちとの生活のなかで度々考えさせられることは，大人が「同じ」「違う」とか，「意味がある」「意味がない」とか，「おもしろい」「おもしろくない」と判断していることと，子どもの感覚はだいぶズレているのではないかということです。もちろん，ズレがあるからこそ人と人は理解し合おうとしますし，ズレがあるからこそ創造的な営みが生まれるという側面もあります。しかし，ズレが大きすぎる場合には，つながり合うためのきっかけすら得られない場合もあるでしょう。ここでは，これまで見てきた子どもの姿と発達をふま

▷37　三項関係においては，ここで〈モノ〉と呼ぶ部分に人（第三者）を含める必要がある。「見知らぬ人」などが一例。

えたうえで，どのような環境や関わりに一理ありそうか，考えてみたいと思います。

(1) 応答的な環境とは何か
　①乳児保育は「かわいそう」か？
　まず，エピソード1-5を思い出してください。筆者が0歳児クラスを外からのぞいた時の話です。あまり時間のない訪問でしたので，赤ちゃんたちの様子を見届けずに他に移ってしまったのですが，この時保育者はおそらく，「誰かきたねぇ」「お客さんだよ」「こんにちは，って」などと声をかけていたでしょう。こうした声かけは，エピソード中にあるような「頭をなでてやったり，背中や腰のあたりを触ってやったり」という非言語行動とあわせて，赤ちゃんたちにとって非常に重要な情報となります。
　筆者たちが去った後，ホッとして再び遊び始めた子，「見知らぬ人」が見えなくなったら泣き出した子，逆に見えなくなったら急に勇猛果敢に窓際にハイハイしていってつかまり立ちし，窓枠に手をかけて「見知らぬ人」が消えていった方向を見ようとオデコを窓にくっつける子，などがいたに違いありません。ツワモノ派は，何事もなかったかのように遊びに没頭しつづけたでしょうか。あるいは筆者たちが去った後に，「オヨッ？」とばかりに窓の方を見た子もいたかもしれません。
　危機にある時の子どもの姿も個性的だが，危機が去った後の姿はもっと個性的だ……。そんなことを思いながら別室に移動している時，同行した1人が首をかしげながら，やや感情的な声で言いました。「まったく見ていられない。かわいそうで，かわいそうで……」。
　私ははじめその意味がよくわからなかったのですが，どうやらその人は，「0歳の赤ちゃんが母親から引き離されて生活している姿」が不憫に思えてしょうがなかったようです。なるほど，そういう風にも見えるのか，とその時の筆者は軽い驚きと新鮮な気持ち，そして違和感も覚えたのでした。あの保育室の0歳児たちは，どのような意味で「かわいそう」なのでしょうか。

②赤ちゃんの社会的関係

とりわけ日本の子育ての文脈では，幼いうちは母親が専従して子育てに当たらなければ子どもの心身が健康に育たないという考えが根強くあります。しばしば「3歳児神話」[38]と言われる観念です。もちろん哺乳類ですから，お乳をもつ母親の存在は小さくないでしょう。しかし同時に，人類が集団で子育てを行ってきたのも事実です。集団のなかには，祖父母や父親はもちろん，まだ子どもをもたない若者や年長児，同年齢児や年少児など，実に多様な人々がいました。かつて隆盛を極めた母子愛着理論も，近年では見直され，徐々にソーシャル・ネットワークという考え方が浸透してきています。[39]

ボウルビィ（Bowlby, J.）に代表される古典的愛着理論では，子どもはまず1人の対象（基本的に母親）との緊密な愛着関係を結び，それをモデルとして他の人間関係に応用・拡大していくと考えられてきました。確かに，近代家族を[40]想定すると，古典的愛着理論のモデルはよく当てはまるように見えます。父親が外で働いて給料をもらい，母親は家事と子育てに専念するというのが"ふつうの家族"だと考えられている社会では，赤ちゃんが起きている時間のほとんどを一緒に過ごすのは母親ですので，母子関係がすべての基盤であるという理論と矛盾がありません。

しかし，日本だけを見ても，近代家族が一般化したのは第二次世界大戦後の高度経済成長期のことです。総務省統計局のデータによると，1950年に4.94人

▷38 大日向・荘厳（2005）によると，3歳児神話には3つの要素がある。すなわち，①子どもの成長・発達にとって3歳までの時期が重要である，②その大切な時期の養育には母親が当たるのが最善である，③もし就労等で母親が養育に専従しないならば，子どもは寂しさを感じ，その後の発達に負の影響を与える，である。①については，肯定的な論者が大勢だが，②③については諸外国の大規模な縦断研究からも否定的な結果が得られている（大日向雅美・荘厳舜哉（編）（2005）．子育ての環境学．大修館書店．）。

▷39 ソーシャル・ネットワークとは，子どもが誕生時から多様な他者との複数の愛着関係を形成していくことを示す概念である（ルイス, M.・高橋惠子（編著）高橋惠子（監訳）（2007）．愛着からソーシャル・ネットワークへ――発達心理学の新展開．新曜社．）。

▷40 近代家族：愛情によって結びついた，1組の夫婦とその子ども世代からなる家族のこと。いわゆる核家族と言いかえてもよい。

であった世帯人員数の全国平均は，1970年には3.69人となり，2010年では2.46人となっています。平均世帯人員数の減少の背景としては，単身世帯の増加のみならず，4人以上の世帯が大きく減少してきたことが影響しています。愛着理論の是非は別にしても，事実としては，高度経済成長期に家族が愛着理論に合うような形態に変化したといえます。

　家族がより多人数かつ多世代で構成されていた時代には，母親と赤ちゃんは近代家族におけるそれとは異なる関係を結んでいたかもしれませんし，母親以外の家族との関係や近所の他者との関係も重要だったと思われるのです。その場合，ソーシャル・ネットワークの考え方の方が適合しているように思われます。保育所は「保育に欠ける[41]」という要件を満たした場合に子を預けられる児童福祉施設ですが，世帯人員数が減少し，地域共同体と子育てという営みが結びつきにくくなった現代の環境を考えると，乳児が集団のなかで親以外の他者との関係を結んでいくことの意味（福祉だけでなく，教育的意味も含め）も決して小さくないと思われます[42]。

③保育の質

　ただ，どのような保育でもよいというわけではなく，「質のよい保育」が必要だと言われています。フリードマン（Friedman, S. L.）らが中心となって遂行している米国NICHD[43]の長期追跡調査[44]によれば，母親による養育と他の人に

▷41　就労その他の理由で保護者や親族が子を保育（養育）できない状態のこと。児童福祉法第24条第1項の規定。

▷42　なお，厚生省（当時）は平成10年（1998年）版の『厚生白書』第1部第2章のⅢ「母親と子」において，「三歳児神話には，少なくとも合理的な根拠は認められない。／乳幼児期という人生の初期段階は，人間（他者）に対する基本的信頼感を形成する大事な時期であるが，この信頼感は，乳幼児期に母親が常に子どもの側にいなければ形成されないというものではない。／両親が親として子育て責任を果たしていく中で，保育所や地域社会などの支えも受けながら，多くの手と愛情の中で子どもを育むことができれば，それは母親が1人で孤立感の中で子育てするよりも子どもの健全発達にとって望ましいともいえる。大切なのは育児者によって注がれる愛情の質である」という見解を示している。

▷43　National Institute of Child Health and Human Development（国立小児保健・人間発達研究所）。

よる保育でも，4歳半までの時点で子どもの発達にほとんど差がないことが示されています[45]。ただし，保育の質の良し悪しが発達に影響を与えることもわかりました。

NICHDの調査における保育の質（child care quality）とは，規定的特徴（regulable feature）とプロセス的特徴（process feature）から構成されています。規定的特徴とは，保育の構造的な側面で，子どもと保育者の人数比率や子どものグループサイズ，保育者の教育レベルなどの側面です。プロセス的特徴とは，実際の保育場面における子どもへの関わりに関する側面です。特にポジティブな養育（positive caregiving）として総称される，保育者自身の明るい態度，決めつけない態度，子どもに質問すること，子どもがやりたいことを援助してあげることなどが，重要であることが示唆されています。

日本とアメリカでは，何をよい発達と見るかに文化的な違いもあるでしょう。しかし，NICHDの調査が全体を通して強調している部分は，私たちの子育て・保育にも共通するものだと思われます。それは子どもたちにとって「応答的な環境」を構成することが重要だということです。

④応答的な環境とは

応答的な環境とは，子どもがなす行動や言葉に対して，基本的に肯定的な受け止めをし，好奇心や想像力を発展させるような環境です。環境というからには，人的環境のみならず物理的環境も，さらには時間的環境も含まれます。

1つの例は❷で紹介した1960年代のキリスト教育児院の実践（pp. 39-40.参照）です。施設で暮らす赤ちゃんたちと，T先生の娘Wちゃんとでは何が違ったか。それは，その子が個体として示す行動や情動ではなく，ある行動や情

▷44　1991年〜。全米10地域から多様な社会階層の1,364家族を対象に，新生児から調査を開始。2004年段階で子どもは小学6年生になり，1,073家族が調査に継続協力している。子どもが4歳半までの調査結果について，日本子ども学会（編）(2009).保育の質と子どもの発達――アメリカ国立小児保健・人間発達研究所の長期追跡研究から．赤ちゃんとママ社．で知ることができる。

▷45　知的・言語的発達，社会的行動，情緒的発達と母親との関係，身体的成長と健康などの多角的な領域によって測定。

動が向けられるべき誰かが形成されているかどうかの違いでした。本章では，それを「泣くに値する人」と表現しました。NICHDの調査結果を考えても，赤ちゃんは必ずしも1人の養育者（母親）のみを「泣くに値する人」と認識するのではないことがわかります。もちろん，赤ちゃんの認識能力は限られていますので，何人でもよいとは思えませんが，少なくとも1人に限定されるわけではないでしょう。

応答的な環境は特別に用意するものというよりも，赤ちゃんとの日々の生活のなかでごく普通に可能なものです。ある保育所にお邪魔した時，ちょうど生後9ヵ月のアオイちゃんがオムツを交換してもらうところに出会いました。

【エピソード1-10　オムツ交換のなかの対話】

　保育者はハイハイで動き回っているアオイちゃんに，「なんだかいいにおいがしてきたねぇ」などと言いながら，おいでおいでをします。アオイちゃんはニコニコしますが，余計に遠くに行きます（オムツだとわかっているのでしょうか）。何回かこうしたやりとりをしてから，保育者は「まてまて〜」と追いかけ，逃げるアオイちゃんをつかまえます。アオイちゃんは身をよじって抵抗しますが，保育者はタオルを1枚出します。アオイちゃんはタオルに気づくと身体の力を抜いて，仰向けになりました。保育者はアオイちゃんの顔にタオルをかぶせ「いないいない〜，ばあ！」と言ってタオルをサッと取ります。「きゃははっ」。アオイちゃんがタオルに手を伸ばすと，保育者はそれを渡します。アオイちゃんはタオルをしゃぶったり，振ったりします。そうしている間に，保育者はオムツを交換し終えました。アオイちゃんはすっきりした顔で身をひるがえし，追いかけっこの続きをしようと保育者を誘うのでした。

オムツを換えている間も，保育者は絶えずアオイちゃんに何か語りかけていました。「おーっととと，あんよちょっと大人しくしてねぇ」「ちょっともち上げまーす」「よいしょ」「おー，いいウンチですねぇ」「きれいきれいしようねー」などなど。アオイちゃんもタオルに夢中のようでいて，保育者の声かけや働きかけに合わせるように，足を静かにさせたり，もち上げたりして，オムツ交換にしっかり参加しているようでした。毎日何度も繰り返されるオムツ交

第1章「ぼくだれかしらない　でもぼくいる」

換は，ついつい事務的な作業になりがちです。しかし，アオイちゃんのオムツ交換は追いかけっこからはじまり，いないいないばあを経由して，すっきり感に到着，そしてまた追いかけっこへと至るプロセスのなかにあるのです。エピソード1-10は，応答的な人的環境とは何かを教えてくれます。

「たかがオムツ交換」ではなく，「されどオムツ交換」です。無言で事務的に行った場合でも，結果だけを見れば清潔なオムツに着替えた状態で「同じ」に見えます。しかし，その結果に至るプロセスは決して同じではありません。もちろん，唯一の「正しいオムツ交換」があるとは思えません。社会文化的な背景によって，ある程度多様な方法があるに違いありません。しかし，どのような方法にもおそらく共通する「質」というものがあり，それは何らかの形で応答的な環境を子どもに提供するもののはずです。「質のよいオムツ交換」の探求は，乳児保育の基本であるかもしれません。

（2）10mを1時間かけてみる

①循環は発明の母

筆者の娘が保育所に通っていた頃，夕方迎えに行くと時々あるお母さんと1歳過ぎくらいの女の子に出会いました。筆者はいつもそのお母さんの姿に感心していたのです。なぜなら，子どもがしていることをじっくり待ってあげていたからです。保育所に子どもを預ける親は，基本的にとてもせわしなく生活しています。お迎えに行った時には，なるべく早く支度をして帰宅したいものです。しかし，子どもたちは親たちが迎えに来てからの時間，しばらく遊び回ることを楽しみにしています。そこで，しばしば「もう帰るわよ」「あと○回だからね」と小刻みに約束して，最後はしぶしぶ，時には泣きながら帰るなどということもあります。

いつだったか，そのお母さんが教えてくれたことがあります。娘さんは，水槽の金魚や壁に貼ってある飾りや，誰かのジャンパーなどを一つひとつ触ったり，眺めたりしながらゆっくりゆっくり玄関の方に向かっていました。筆者がそれをそばで見ていると，お母さんが言いました。「毎日，ひと通り触って，

見ていきたいみたいなんで……」。何気ない一言ですが，筆者には非常に新鮮なことばであり，同時に自分の「はやく，はやく！」を反省しました。

　同じことの繰り返しのように見えて，実は1回1回を新鮮に感じることのできる時代は，それほど長くはないのでしょう。幼い子どもにとって，循環は発明の母だと言えるかもしれません。

　②「楽しさ」はどこにあるか

　ある保育事例研修会で，2歳児クラスの4～5月の様子が紹介されました。その保育所は増改築の経緯からか，構造上トイレが建物の端の方にあり，反対の端にある2歳児クラスの保育者は，子どもたちをトイレに行かせることに苦労していたそうです。2歳児であれば，子ども用のトイレはたいてい保育室とつながっている場合が多いでしょう。保育室とつながっていれば，保育室の様子や保育者の気配を感じることができるので，排泄の自立に向かう2歳児にとって安心できる環境に違いありません。

　そんなことを想像しながら話を聞いていると，保育者からは少し違う悩みが打ち明けられました。要約すれば，こういう話です。トイレが離れているので，一度トイレに行くと，色々な興味ある出来事や場所，モノに出会ってしまい，なかなか子どもが帰ってこない。子どもが環境からの誘惑にとらわれず，まっすぐに保育室に帰って来られるよう，保育室で遊ぶのが楽しいということを伝え，まっすぐ帰ってきたら十分に褒めてあげたい……。

　ちょっと聞くと，なるほどそういうものか，と思ってしまいそうですが……。ちょっと待ってください。確かに，トイレが離れていることは大変なことです。できれば保育室とつながっていれば文句ありません。しかし，トイレを移動するわけにはいかないので，その環境を前提にして保育を充実させていくことが大切になってくるわけです。その時，「環境の誘惑にとらわれず，まっすぐ保育室に帰ってくることを奨励しよう」という方針は，幼い子どもの楽しさの追究の仕方と大きくズレていないでしょうか？

　筆者はこの話を聞いて，娘さんの「毎日ひと通り……」を見守っていたお母さんの姿を思い出しました。トイレからの寄り道も，子どもの好奇心に適った

活動の仕方と捉えなおして，むしろトイレの遠さを積極的に活用するようなことはできないでしょうか。

2歳児クラスでの話でしたが，このテーマは0歳児にも当てはまるものです。エピソード1-3で紹介したソウタくんを思い出してください。ソウタくんは手と砂だけでかなり遊び込んでいましたが，そこに10cmの棒が1本あれば，もしかすると伝染泣きに巻き込まれないほどの没頭を見せたかもしれません。赤ちゃんは，機嫌さえよければ，半径1ｍの世界で30分も何かに没頭することができる存在です。そういう体験の仕方ができる時代なのであり，それは生まれてからせいぜい数年のことです。

大人は先を読んで生活しています。子どもも多少の見通しはありますが，大人の敵ではありません。大人は長いスパンの予期と計画ができるので，高速道路で片道5時間かけて，着いた先で2時間だけ目的の何かをするというような体験の仕方に意味をもたせることができます。しかし，幼い子どもは違います。今を生きている彼らは，環境と響き合いながら，次々に現れる出来事に目をひかれ，心を奪われていきます。

同じことの繰り返しのように見える循環の世界のなかに，色々な気づきや体験が潜んでいます。同じように見えて同じでない。意味がなさそうに見えて意味いっぱい。0歳児は，10ｍ進むのに1時間かけてよい人たちだと思うのです。これが，応答的な環境としての時間的環境の1つの意味です。

(3) 子どもたちが望むものは
①生ける玩具

子どもたちを見ていると，彼らがとても「本物志向」であることに気がつきます。家庭観察にうかがっている時，何人かのお母さんから同じような話を聞きました。0歳の時から，親が使っている携帯電話を触りたがるので，「電話」に関心があるのだろうと思い，電話のおもちゃを買ってあげた。最初は少し遊んだが，すぐに飽きてまた親の携帯電話を欲しがった。「電話」ではなく，「携帯電話」が欲しいのかと思った。その後機種変更したので，あんなに欲しがっ

ていたからと，前の携帯電話をおもちゃ代わりに子どもにあげた。少し遊んだが，すぐに飽きて今度は親の新しい携帯電話を欲しがった……。

こうしたエピソードが，応答的な物理的環境を考えるうえでのヒントをくれるのです。赤ちゃんは何が欲しかったのでしょうか？「電話」でしょうか，「携帯電話」でしょうか？　おそらく違います。おもちゃの電話と機種変更前の携帯電話との違い，機種変更前の携帯電話と後の携帯電話との違いは，それが「生けるモノ」であるかどうかです。「生けるモノ」とは，赤ちゃんたちにとって，「親が実際に使っている」「親にとって大切な」対象のことです。そういう対象は，赤ちゃんにとって「生ける玩具」として，強烈な魅力を発します。

ある時，男性保育者が園庭の隅で刃物を使って木製のイスを修繕していました。すると，何人かの子どもたちが遊びの合間に見にきては，なんやかやと言いながら，またパーッとどこかへ行きます。そうして，見物人が時々入れ替り立ち替りやってきます。刃物を使っているし，修繕など保育時間外やお昼寝中にすればよいのではないか，と思われる方がいるかもしれません。しかし，保育時間中だから意味があると思うのです。自分たちの生活にほんとうに必要なことだから，刃物を使っているところを見せる必要があると思うのです。

保育者の修繕作業は，子どもにとって「生ける活動」であり，刃物は「生ける道具」なのです。製作活動として，それ専用の個別の時間を設けることにも意味があります。しかし，同じ刃物を使うのでも，工作をするのとイスを修繕するのとでは，子どもにとって意味が違うと思われるのです。昨今，子どもたちに失われている時間は，日常の大人の活動を目の前で観察する時間です。私たちは子どもがもつ「傍目の観察眼」をあなどらず，むしろそれを積極的に活用するような機会をつくり出していく必要はないでしょうか。

②「与える」ことの前提条件

ある時期，筆者は乳児の食事場面の観察に熱中していました。栄養的な面というよりも，食事場面が喜怒哀楽の宝庫のように思えたからです。子どもたちは多様な姿を見せましたが，一方である時期に共通の行動をすることに気がつきました。それは，「他者に食べさせる」という，広い意味で「与える」行動

第 1 章 「ぼくだれかしらない でもぼくいる」

写真 1-3　食べさせる行動

の一種です。赤ちゃんたちは，生まれてから基本的に生活の大半を「してもらう」ことによって成り立たせています。つまり，受け身であることが，赤ちゃんの1つの特徴と言えます。受け身というのは，大人のコミュニケーションではどちらかというと消極的なイメージをもっているように思われます。「受け身ではなく，自分から積極的に……」というように。しかし，赤ちゃんは受け身の生活のなかに，つまり「与えられる」経験のなかに，後の他者へ「与える」行動の芽を育てているように思われるのです。

親に食べさせてもらっていた赤ちゃんが，およそ生後10ヵ月頃から親に「食べさせる」ようになっていきます（写真1-3）。この話を講演会などですると，時々参加者の方から質問を受けることがあります。「確かにうちの子も私に食べさせてくれようとするのです。うれしいんですが，でも虫歯菌がうつったらいけないという保健指導も受けたりして，いつも食べる真似だけして『ありが

▷46　「他者に食べさせる」行動とその発達的な意義についての研究は以下を参照されたい。
　　• 麻生武（1990）．"口"概念の獲得過程――乳児の食べさせる行動の研究．発達心理学研究，**1**, 20-29.
　　• 川田学・塚田-城みちる・川田暁子（2005）．乳児期における自己主張性の発達と母親の対処行動の変容――食事場面における生後5カ月から15カ月までの縦断研究．発達心理学研究，**16**, 46-58.

とう』と言っています。でも，お話を聞いていると，食べてあげることがとても大事なことのように思えてきました。食べてあげた方がよいのでしょうか……？」。

　残念ながら，この質問に歯切れよく答えることはできません。食べてあげることができるなら，それはそれで赤ちゃんは喜ぶでしょう。でも，何が何でもそうでなければならないというほど，特殊な機会でもないと思います。肝心なのは，赤ちゃんにとって他者に「与える」ということが，自分の成長を実感する大きな節目に関わっているのではないかということです。

【エピソード1-11　ほんとうは「どうぞ」したくない】
　商店街の一画にある子育てひろば[47]での一コマです。1歳半のカノンちゃんが，やっと他のお友だちが手放した黄色いボールを拾い，うれしそうにお母さんに見せました。そこに，今日はじめてひろばにきたコウキくん1歳2ヵ月が現れ，カノンちゃんのボールをつかみました。カノンちゃんは困惑した表情で，お母さんを見ます。お母さんも内心"かわいそうだなぁ"と思いつつ，コウキくんの方が小さいし，はじめてきた子なんだからと，カノンちゃんに「どうぞしてあげて」と言います。人のよいカノンちゃん，少しゆがんだ顔をしながらも，ボールから手を放そうとしました。と，そこで，ひろばのスタッフが「コウキくん，ここにもおんなじのあるよ，青でかっこいいし」と，黄色いボールよりひと回り大きい青のボールを振って見せました。すると，コウキくんは，ひょうきんそうなスタッフの表情にもつられたのか，カノンちゃんのボールから手を放し，青のボールをもらってご満悦になったのでした。

　カノンちゃんとお母さんはもちろん，たぶん，コウキくんのお母さんもホッと胸をなでおろしたことでしょう。1歳くらいになると，自分のものという所有意識も出てきますし，お友だちが使っているものも欲しくなるので，しばし

▷47　「子育てひろば」とは，親子が共に育ち合うことを支える居場所の総称である。子育てという営みを中心にして，妊娠中から乳幼児期の親子やボランティアなどが集う。生活や遊びを共にするなかで，情報交換や学び合いを生んでいく。地域社会での子育てシステムの機能不全を背景に，全国各地で広がりを見せている。NPO法人（特定非営利法人）による運営が盛んであることなど，「新しい公共」の1つのモデルケースとも言える。

ばモノの取り合いが生じます。カノンちゃんのように,「どうぞして」と言われるとわりにすんなり渡してくれる素直派もいれば,「ゼッタイ ヤルモンカ！」という感じの初志貫徹派もいます。

　大人からすると, すぐに「どうぞ」ができる子は社交的なよい子に見えたりします。しかし, 基本的には0歳や1歳の子は「どうぞ」ができなくて当たり前だと思われるのです。やっと自分で動き回れるようになり,「こうしたい」という思いと行動がつながってくる快さが, 好奇心を先導する時期です。ですから, この時期の子どもたちにとっての応答的な環境とは, 納得してないのに「どうぞ」をしなければならない環境ではなく, どの子も十分に自分が満足できることが保障された環境です。

　その1つの具体例は, 玩具などは種類よりも, 同じものをたくさん用意するということでしょう。メニュー豊富がうれしい, というのはたぶん大人の感覚です。メニューはそれほどいらない, みんなと同じもの（みんなが使っているもの）が欲しい, それで心ゆくまで遊びたい, というのが幼い子どもの気持ちであるように思います。おそらく, 子どもたちが望んでいるのは,「自分もあれが欲しい」とか「あげたくない」という気持ちを肯定してもらえることです。「どうぞ」ができないからといって, 決して「悪い子」ではないことを大人にわかってほしいのです。

　1歳前後は, 他者に「与える」ことの喜びを知り始める時期です。しかし, それができるためには, まず自分が十分に満足する必要があります。ずっと待っていて, やっと手に入れた黄色いボールなのです。たとえ, 青いボールが出てこなくとも, できればカノンちゃんに黄色いボールを使わせてあげたいところです。少し遊んだら, もしかすると自分からコウキくんのところに行って,「どうぞ」をするかもしれません。コウキくんが受け取って, コウキくんのお母さんが「ありがとう」と言ってくれる。そういう時, カノンちゃんの心は大きく膨らむでしょう。自分で納得して「与える」ことができた時, 子どもたちはそろそろ,「赤ちゃん」を卒業しようとしているのかもしれません。

学びのガイド

●この時期の子どもたちについてもっと知りたいあなたへ

　0歳児は，人生でもっとも変化の激しい1年を送ります。本章ではその一部分を取り上げたにすぎません。心理学のみならず小児科学，生理学，脳科学，霊長類学（比較認知科学）等へと関心を広げていくことも大事でしょう。

　『ここまでわかった小児の発達』（五十嵐隆・久保田雅也（編），中山書店，2010年）は，小児科臨床向けのテキストですが，「夜泣きの発達上の意義」，「あくびの発達」，「共同注意からみた乳幼児の発達とその評価」など，具体的な内容が2～3頁で最新の発達研究もコンパクトにまとめられています。

　『アフォーダンスの視点から乳幼児の育ちを考察』（佐々木正人（編著），小学館，2008年）は，「動くあかちゃん事典」というDVD付録が付いており，ごく普通の家庭における赤ちゃんの具体的な行動の様子を知ることができます。

　日本の研究者が，日常の事例記述から赤ちゃんの認識世界やコミュニケーションの発達を描き出したものとして，**『身ぶりからことばへ』**（麻生武，新曜社，1992年），**『ことばの前のことば』**（やまだようこ，新曜社，1987年），**『二歳半という年齢』**（久保田正人，新曜社，1993年）は，読み応えのある深い洞察に満ちています。赤ちゃんを知るというだけでなく，どのようにして発達的な研究を行うかについての示唆を与えてくれます。また，**『子どもとことば』**（岡本夏木，岩波書店，1982年）は，ことばと自我との発達的なつながりについて，三項関係（共同注意）を軸にしながら描き出した不朽の名著です。

　日進月歩で新知見が提出される科学研究ですが，**『心が芽ばえるとき』**（明和政子，NTT出版，2006年）や**『乳児の世界』**（フィリップ・ロシャ（著）板倉昭二・開一夫（監訳），ミネルヴァ書房，2004年）では，21世紀初頭までの赤ちゃん研究の到達点がよく整理されています。加えて，**『心とことばの初期発達』**（竹下秀子，東京大学出版会，1999年）や**『心とことばの起源を探る』**（マイケル・トマセロ（著）大堀壽夫ほか（訳），勁草書房，2006年）をひもとけば，他の霊長類との比較研究から，人類の赤ちゃんの特徴を知ることができます。明和・ロシ

第1章 「ぼくだれかしらない でもぼくいる」

ャ・竹下・トマセロの4冊は，ある程度専門性の高い文献ですが，記述はそれほど難しくはありません。

●保育・子育てに活かしたいあなたへ

　人類の赤ちゃんの発達と子育ての方法や苦労には，不可分のつながりがあります。もっとも基礎となる認識は，子育ては集団的に行われるものということです。本章でも取り上げましたが，ある時代には過度な母子関係重視の傾向がありましたが，近年ではその反省から集団保育にせよ，子育て支援にせよ，1人の子どもに多様な育児主体が関わることの意義が見直されています。**『地域から生まれる支えあいの子育て』**（小出まみ，ひとなる書房，1999年）は，カナダから学ぶ子育ての新しいあり方が紹介されています。子育て支援の実践に関わる人々に，基本となる視点を提供してくれます。

　『子どもとつくる0歳児保育』（松本博雄・第一そだち保育園（編著），ひとなる書房，2011年）は，発達研究者と保育者集団の協働による力作です。0歳児の発達的特徴をふまえつつ，「基本的・日常的生活活動」を支える，「探索・探究する生活」を支える，「文化に開かれた生活」を支えるという3つの視点から，子どもとつくる保育の実践について，事例に基づいた考察がなされています。本章で提起した内容とも共鳴し，ぜひあわせて読んでいただきたい1冊です。

　最後に，保育・子育てへの視野を広げてくれるものとして，**『名のない遊び』**（塩川寿平，フレーベル館，2006年）と**『内臓のはたらきと子どものこころ』**（三木成夫，築地書館，1995年）をあげます。前者には，乳幼児にとっての遊びの再考を促す写真が盛りだくさんです。後者は，子どもの内臓感覚と高次のこころの働きがどのようにつながっているかについて，生物進化の基礎をふまえ，具体的な子どもの行動やことばと結びつけながら論じています。いずれの書も，生きることの喜びと生命の奥深さへの敬意が，保育・子育ての原点であることを教えてくれます。

Column　0歳から1歳へ　こんな姿が魅力的！こんな姿がおもしろい！

　0～1歳の魅力はずばり「昨日の私とは違う"今日の私"がいる」ことだと思います。子どもたちと日々向き合うなかで「昨日とは違う"私"（日々の成長）」を見つけ関わる喜びと，それをつくり出す責任に，私自身保育者としておもしろさとやりがいを感じています。そんな毎日の姿を紹介したいと思います。

子どもにちょっと待ったは通用しない──求められる喜び

　4ヵ月児Kちゃん。大人のあやしかけにいつもニコニコ笑ったり，楽しそうに声をあげて応えてくれます。そんなうれしい時間に癒される反面，お腹がすいたり，眠い時に，泣いたり怒ったりして主張することが少なく気になっていました。そんなKちゃんに対し，もっと大人との関わりで心地よさを感じることで，様々な思いを出せるようになってほしいと願い，意識して声をかけたり，抱っこしたり，Kちゃんとの関わりを大切にしてきました。すると，月齢が大きくなるにつれて色々な思いを主張してくれるようになりました。入眠時も今まではすんなり寝つけていたのが，抱っこで気持ちよく眠れる一方で，布団の上におろすと泣いて怒ったり，ミルクの時は飲みきると"まだほしい～"と怒ったり，甘えて泣く姿も見られるようになりました。その姿に，何だかうれしい大変さが出てきたぞ……と思っていました。しかしそうなると，大人の段取りなんて子どもには通用しなくなりますよね（なんて勝手な言い分……）。"先に食事の片付けをすましてしまおう"と思って「ちょっと待ってね。すぐに行くから……」なんて言っても通用しません。大きな声で泣くばかりです。そこで片付けを後にして，Kちゃんを抱き上げるとすっかり安心した表情になります。

　このような繰り返しが，子どもにとって，大好きな大人の存在や安心できる大人の存在につながっていくのだと思います。"あなたのどんな主張もうれしく思っているよ"という気持ちが子どもにいつでも伝わるような関わりが大切なのかなと感じています。

THE 人見知り──子どもの徹底ぶりに感心

　生後7～8ヵ月ぐらいになると，安心できる大人の存在ができていくとともに，そうでない人（知らない人，あまり関わりがない人）を区別し始めます。乳児クラスの子どもたちが廊下に出て遊んでいようものなら，たくさんの保育者が「かわいいね～」と声をかけてくれます。しかし人を区別し，人見知りが始まり出した子どもたちからすると，なんて迷惑な話なのでしょう。今まで笑い声をあげて

遊んでいたのに，急に顔も体も固まって，泣き声の大合唱。泣くぐらいなら見なければいいのに……と思うのですが，振り返ってまで見て，相手との距離を確認しているかのよう……。いやいや，相手に"それ以上近づくなよ"と威圧しているかのようです。声をかけた大人の方が気まずくなってしまうこともありますよね。

　子どもの"この人には心を許している""この人には心を許していない"と決め込んでいる徹底ぶりに感心させられることがあります。それでも子どもの心は柔軟で，どんどん世界は広がっていきます。"心を許していない人"にもいずれは心を開いていきます。その過程がおもしろいのです。はじめは大好きな大人に抱かれての指一本から許してあげて，次は肩タッチ。もちろんお尻はしっかり大好きな大人の膝の上から離れません。次は大好きな大人が近くにいるのを確認しながらの「いないいないばぁ」，次は手をつなぐ（でも表情はまだ気が気でない様子で固まっています）……と，お許しをもらうにはなかなか時間がかかるんですよね。それがまたおもしろくも，かわいくもあるんですけどね。

　子どもの"もういっかい"を引き出したくて……
　様々なことに興味が出て，様々なことをやってみたいと思いが膨らむ1歳前半期，子どもたちは必ず振り返って大人の存在を確認します。大人の「すごいね」「上手だね」ということばでうれしさや楽しさがいっぱいになります。ポットン落とし（おもちゃ）が入れられるようになったHちゃん。一つの木片を穴に入れる度に，大人の顔を見上げて"ほら！　入ったよ！"といった表情。大人の「入ったねぇ」の声かけがうれしくて，自分で自分の頭をなでています。そしてすべてを入れ終わると，"もういっかい"と何度も楽しみます。大人の見守りのなかで，そんなたくさんのうれしさや楽しさを感じて，"できた"喜びや，"〜したい"気持ちをたくさん膨らませてほしいです。そんな時に子どもたちの頼りとして，子どもたちの近くに居られる幸せを感じます。

（鍛谷統子：香川・こぶし花園保育園）

第2章
きみに生まれてきてよかったね
1歳児の世界をさぐる

イヤイヤ，その背景には自分なりの思いがある

·····Introduction·····

　本章では，生後9，10ヵ月頃から2歳前半までの子どもの発達，そしてその時期の子どもと大人の関係について述べます。この時期はちょうど「イヤイヤ期」と呼ばれるように，それまでの赤ちゃんの時期とは違った子どもの姿が現れる時です。大人にとっては子どもの扱いにくさを感じ始める時期でしょう。子育ての悩みも増える頃かもしれません。

　自分の力で歩き出し，世界中のすべてのものに興味をもって探索しようとする1歳児。自分の願いが叶わない時には，ものすごいパワーで泣いて抵抗して自己主張する1歳児。そんな子どもたちの内面にはどんな力が育っているのでしょうか。

　自立へのはじめの一歩を踏み出した子どもたちの姿の背景にある発達の特徴と，それをふまえた保育や子育ての視点について述べていきます。

① 1歳児とはどんな時期？：かわいいけれどかわいくない

(1) 1歳児が一番かわいい

　赤ちゃんの顔に対するかわいらしさの印象を調べた研究があります[1]。それによれば，大人は新生児よりも生後数ヵ月たった子どもの顔の方をかわいいと感じ，その後かわいらしさを感じる度合いは子どもの月齢が増すごとに徐々に強くなって，1歳前頃の子どもの顔を一番かわいいと感じるのだそうです。その後かわいらしさを感じる度合いは1歳半〜2歳頃にかけて減少していきます（図2-1）。確かに1歳前後の子どもの容姿は，私たちが一般的に思い描く"赤ちゃん"の典型的特徴を備えていて，とてもかわいらしい感じがします。大人には幼い子どもの顔つきに対して独特の感受性が備わっていて，それが保護行動を引き出し，それによって子どもの未熟性がカバーされると考えられて

▷1　根ヶ山光一（1997）．子どもの顔におけるかわいらしさの縦断的発達変化に関する研究．人間科学研究，**10**，61-68．

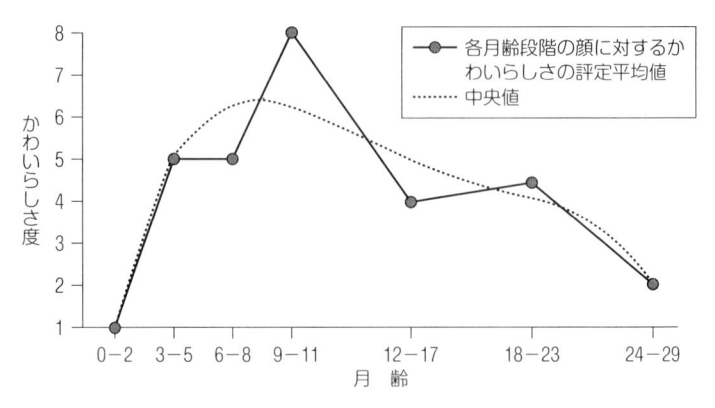

図2-1　赤ちゃんの顔に対して母親が感じたかわいらしさの印象の発達的変化

出所：根ヶ山（1997）．より一部修正。

います。しかし，そうだとすれば，もっとも弱々しくもっとも保護を必要とするはずの新生児の顔がもっともかわいいということになりそうですが，実際にはそうなっていません。なぜでしょうか。

　1歳頃になると歩き出す子どもが増えてきます。そろそろと立ち上がり，2～3歩歩いては，ドスンとしりもち。少し長い距離を歩けるようになったとしても，その歩き方はぎこちなく，「いつ転ぶか」と見ているこちらがはらはらしてしまいます。また，この時期は外の世界への興味が広がる時です。ちょっと目を離したすきに勝手に歩いて行って階段から落ちそうになったり，テーブルや棚の上の物に手を伸ばして誤飲ややけどをしてしまうなど，それまでと比べて事故の危険性が増大します。一方，2歳を過ぎると，少しずつ危険の意味がわかってくるとともに，大人のことばによって伸ばしかけた手をハッと引っ込めるといったこともできるようになりますから，1歳台に比べると多少は危険を回避しやすくなると言えるでしょう。このように生命の危険が増え，子ども自身ではそれを回避しにくい時期だからこそ，見た目のかわいらしさを強めて親の注意を引きつけておくことによって危険から守ってもらい，そうすることで子どもの生存がより確実になると考えることができます。1歳児の容姿が，他の時期と比べてよりかわいらしいということの背景には，このように生物と

しての適応という意味が隠されているのかもしれません。

(2) 気持ちが伝わり始める

　しかし，1歳児のかわいらしさは，こうした姿形だけのかわいさにとどまらないものでしょう。一般的に生後10ヵ月頃より大人と子どもの間に共同注意が成立し始めます。共同注意とは，大人と子どもが同じ対象に注意を向け合うことを言います。お散歩の途中で大人が「あ，ワンワンがいたよ」とイヌを見て指さすと，子どもも大人が指さした方向を見るといったことがその例です。この時，子どもは大人が指さした先にイヌの姿を発見して，「あっ」とうれしそうに声を上げ，笑顔で大人の方を振り返るでしょう。その姿は，ことばにこそなっていませんが，まるで「ワンワンがいたね」と言っているようです。こうしたやりとりを通じて，大人と子どもの間にはイヌという対象や発見の喜びが共有されます。共同注意とは，このように大人と子どもが，目に見える対象だけでなく，その対象に関連した気持ちをも互いに共有している状態を指します。

　もちろん10ヵ月以前にも大人と子どもが同じ対象を見るということはあります。たとえば，大人が子どもの目の前でガラガラを振ってみせる時には，子どもも大人もその同じガラガラを見ているでしょうし，あるいは大人が子どもの後ろでおもちゃのスイッチを押して音が鳴ったので，子どもも振り返ってそのおもちゃを見るといったことも，かなり早い時期から観察されます。こうした例では，子どもは物の動きや音に助けられて大人と同じ対象を見るのですが，その後子どもの興味は対象だけに向けられ，大人との交流はありません。これに対して10ヵ月頃を過ぎると，子どもは大人が見ているのと同じ対象を見た後に振り返って大人の顔を見るようになります。また，ただ振り返るだけでなく，子どももその対象を指さしながら大人の顔を見たり，対象を見た後「あー」などと言いながら大人の顔を振り返ったりします。そのような子どもの仕草を見ると，大人は「何を見つけたの？」「あひるさんがいたね！」などと自然に返

　▷2　根ヶ山光一（2002）．発達行動学の視座――〈個〉の自立発達の人間科学的探求．金子書房．

写真2-1　あ，飛行機だ！　みんなで指さしする

事を返したくなるはずです。それはきっとそうした子どもの仕草から子どもの思いやメッセージといったものが大人に伝わってくるからでしょう。まだことばも言えないうちから一生懸命大人に自分の思いを伝えようとする子どもの姿は実にかわいらしくほほえましいものです。

　たとえば，シャボン玉遊びをしている時に，大人が「○○ちゃん，あれ！」と言いながら子どもの後ろに飛んでいるシャボン玉を見て指さします。すると5～8ヵ月の子どもは，まだ大人が指さした自分の後ろ方向のシャボン玉を発見することができません。これが9～10ヵ月になると約半数の子どもが大人の指さした方向のシャボン玉を見ることができるようになります。さらに1歳過ぎには8割以上，1歳5ヵ月以降は9割以上の子どもが大人の指さした方向を見るのに加え，シャボン玉を見た後に指さしや発声をともなって大人を振り返り見るようになります。[3]そうした姿は「あなたが伝えた物を確かに見たよ」という子どもなりの表現でもあり，同時に子どもが相手の"伝える意図"をしっかり理解しているという証拠でもあります。対象を見た後大人の方を振り返って見るというたったそれだけの行動ですが，これがやりとりのなかで見られる

▷3　別府哲（1996）．自閉症児におけるジョイントアテンション行動としての指さし理解の発達．発達心理学研究，**7**，128-137．

ようになることは，子どもの他者理解が一歩前進したことを示しているのです。

一方，他者とのやりとりや社会性の発達に困難があるとされる自閉症の障害をもった子どもたちには，この対象を見た後の振り返り行動がほとんどありません。先ほどのシャボン玉の例と同じように大人が子どもの後方を指さした時に，指さしの意味がわかってその指さされた方向を見ることができる自閉症児であっても，対象を発見した後に大人の方を振り返り見て「あなたが伝えた物を確かに見たよ」という表現をすることがないのです[4]。これは，「ほら，あれを見て！」と指さしを使って伝えようとした相手の思いを理解できていないためであると解釈できます。自閉症児が困難なのは，相手に何か伝えようとする存在として他者を認識すること，他者が何を示そうと思っているのかを理解することなのです[5]。これに対して障害のない定型発達の子どもたちにおいては，1歳頃から，大人をコミュニケーションの相手と捉え，自らもその人に向かって何か伝えようとすることが増えてきます。私たち大人は，そうした子どもの姿を見て，大人とは違う子どもなりの視点や思いといったものがそこにあることを感じます。大人と子どもが独立した個として互いに気持ちを伝え合う，そんな関係ができ始めたと言えるでしょう。

（3）物に気持ちを乗せる

> 【エピソード2-1　わたし今ウシさんになってるの】
>
> 　ヨウちゃん（1歳1ヵ月）がお座りしてお面絵本を見ていました。これは，動物の顔が見開きで大きく描かれており，目の部分が丸くくりぬかれているので，絵本を顔に当てて穴からのぞくとお面遊びができるという絵本です。この絵本が大好きなヨウちゃん。「メーメー」「ニャーニャー」など言いながら1ページ1ページじっくり見ています。ヨウちゃんがちょうどウシのページを見ている時。「ヨウちゃん，絵本見てるの？」とお母さんが声をかけると，ヨウちゃんはにこっと笑って絵本を顔に当てお母さんの方を見ながら「モーモー」と言いました。

▷4　別府（1996）．前掲論文．

実はヨウちゃんが見ているウシのページをそのままヨウちゃんの顔に当てると，お母さんからは表紙のシマウマが見えてしまうのですが，この年齢ではまだそこまで理解できません。でも，お母さんが見ていてくれるのがわかって，ちゃんとお母さんに向かって「わたし今ウシさんになってるの！」と伝えてくれます。この例のように身の回りにある物が，いじって確かめて遊ぶもの，つまり探索の対象としてだけでなく，相手に気持ちを伝える手段としても用いられるようになることを「三項関係」の確立と言います[6]。ヨウちゃんはお母さんとやりとりするために絵本を使ったのです。
　1歳時期の子どもたちは大人に何かをあげるのが大好きです。保育所に遊びにいくと，最初は「だれ？　この人……」と緊張気味だった子どもたちも，少し時間が経って慣れてくるとトコトコ歩いて近寄ってきます。そしておもむろに手にもっているおもちゃを「はい」と渡してくれます。「ありがとう！」と受け取るとうれしそうにします。さらに「どうぞ」とおもちゃを返すとニカッと満面の笑みです。そこでは，子どもと大人の間でおもちゃが実際に行ったり来たりしているだけでなく，おもちゃに乗って気持ちが行ったり来たりしているのです。まだことばで自分の思いを表現するのは難しいけれど，物を間に入れることで「いっしょに遊ぼう」の気持ちが伝わります。

（4）道具を使う

　また同じ頃，子どもは，大人の行動をよく見るようになります。「お母さんはどこにいるかな？」「先生はどこ？」と大好きな大人の姿を探すだけでなく，

▷5　中嶋理香（2008）．自閉症児の心の世界．加藤義信（編）資料でわかる認知発達心理学入門．ひとなる書房．pp. 202-220.
▷6　「共同注意」と「三項関係」は，子どもと大人が第三項を共有するという意味では，同じ内容を指す用語である。ただし「共同注意」は，大人が指し示す対象を子どもも発見し共有するというニュアンスで用いられることが多いのに対し，「三項関係」は，子どもの方から積極的に大人に対して対象を指し示す，もしくは対象を介して子どもが大人とやりとりするというニュアンスで用いられることが多い。「二項関係」との関連については本書第1章（p. 57. 図1-4）を参照されたい。

第2章　きみに生まれてきてよかったね

写真2-2　真剣な表情でケータイを操作する

　その人が今どこへ向かっているのか、何を見ているのか、どんな物を手にもってどのように使おうとしているのか、そうした関心をもって大人を観察するようになるのです。たとえば、お父さんがいつも手元に置いておもしろそうに操作したり話したりしている携帯電話は子どもにとってはあこがれの対象です。あんなに大切そうに扱っているのだから、きっとステキな物に違いありません。すきあらば自分も手にとっていじってみたいのです。いいえ、"いじる"というのは正確な表現ではありません。1歳の子どもたちはただいじるのではなく、"電話をかけたい"のです。耳に当てて「もしもし、はいはい」と言ったり、ボタンをピッピッと押したり。実際、知らないうちに子どもが携帯電話から会社の上司に電話をかけていたなどということがよく起こります。携帯電話に限らず、子どもにとって自分の大好きな大人が生活のなかで使っている物はすべておもちゃとは違った魅力をもっています。食事の時に大人同士がコップとコップをぶつけて「かんぱーい！　おつかれー」と言っているのを見ると、すぐにまねしたくなります。保育所で1歳児が友だち同士でおもちゃのカップをぶつけ合い、「おちゅかれー」なんて言っているのを見ると笑えるものです。このように子どもは日常の何気ない大人の姿をよく見ています。大人の行動を物との関係で捉え、それを模倣して自分でもやってみるなかで、子どもたちは身の周りにある物を「道具」として使うようになります。

83

これまでの時期の子どもたちは，自分の手や口を通じて物それ自体と直に関わってきました。おもちゃを差し出されるとじっと見て手でつかみ，口へもっていってなめたり，指先が使えるようになるといじってそのものの性質を確かめてきました。コップをテーブルにたたきつける，マジックペンをなめるというのもその例です。これに対して物を道具として使うということは，何らかの目的を達成するための手段として物を用いるということです。私たちの身の回りにあふれる人工物はほとんどすべてが目的をもっています。イスは座るため，服は着るため，鉛筆は書くためのものです。大人が使っている物に興味をもち，その用途にあった使い方を模倣しようとする姿は，子どもが手段と目的という目には見えない関係性を理解し始めたことを表していると言えます。

（5）ヒトに独特な「まね」の仕方

　一般に霊長類のなかでヒトにもっとも近い種であるチンパンジーも道具使用をすることが知られています。有名なのはゴンベの野生チンパンジーのシロアリ釣りです。シロアリの塚のなかに細い草の茎や木の枝を突っ込んで，驚いてかみついてきたシロアリを引きずり出してなめとります。またボッソウの野生チンパンジーは，石を使ってアブラヤシの種を割って食べたり，口を使って葉っぱをきれいに折りたたみ，その葉っぱを使って水をすくって飲むのだそうです。その他にも地域ごとに異なる様々な道具使用の例が報告されています[7]。こうした道具使用は世代を超えて伝播しますが，その習得には非常に長い時間がかかります。どんなに早い子でも3歳半，遅いと5歳くらいになってようやく石器を使うことができるようになります。ヒトの場合は1歳台でいろいろな道具が使えるようになりますから，ずいぶん差があることがわかります。

　またその習得の仕方にも大きな違いがあります。ヒトの場合は上に述べたように大人の行動をよく観察して，大人がやっているとおりすべてをなぞるように模倣します。たとえば，神妙な面持ちで箱をコンコンとノックしてから箱の

▷7　松沢哲郎（2006）．おかあさんになったアイ——チンパンジーの親子と文化．講談社．

ふたを開け，なかからバナナを取り出すのを見せられた子どもは，やはり真面目な顔をしてノックしてからふたを開けます。ふたを開けることと，箱をノックすること，そして真面目な顔をすることの間には何の関連もないのに，です。これに対してチンパンジーが注目するのは物の動きです。物の動きだけを見ていますから，ふたを開けることとバナナを取り出すことの関係がわかるとすぐにふたを開けます。ふたを開ける前にノックするなどという無駄なことはしません。このように書くとヒトの1歳児よりもチンパンジーの方が賢い気がしますが，実はチンパンジーは相手の行為を模倣することがとても苦手です。バナナのような報酬が何もない，チンパンジーにとって無意味な行為を相手が呈示した場合，訓練せずに見ただけでその行為を再現（模倣）することは非常にまれです。また訓練を受けても，「ある物を単独で」操作する（たとえば，バケツのふたを投げる）行動は，「ある物を別の物へ」（ふたをタオルの上にのせる）あるいは「ある物を自分の体へ」向ける（ふたを自分の尻に押し当てる）行為よりも再現することが難しいのです[8]。これは相手の体の動きを見ずに物の動きだけを見ているためと考えられます。それに比べると，ヒトの子どもは相手の体の動きを実によく見ています。ヒトの子どもは道具の効用を理解するというよりもむしろ，その道具の背後にある大人の思い，その道具に対する大人の姿勢を見ているのだと言ってもよいでしょう。1歳児が大人のまねをよくするのは，大好きな人がやっていることを自分もやってみたいからです。ヒトの模倣の原動力は他者へのあこがれの心なのです。

(6) 相手の心がわかり始める

このように大好きな大人の行動を実によく観察している子どもたちですが，その際子どもは大人の行動を"目的"や"意図"といった心的な枠組みで理解しているようです。次のような実験があります[9]。生後18ヵ月の乳児にいろいろ

▷8　明和政子（2003）．なぜ「まね」をするのか．河出書房新社．
▷9　Meltzoff, A. N. (1995). Understanding the intention of others : Re-enactment of intended acts by 18-month-old children. *Developmental Psychology*, **31**, 838-850.

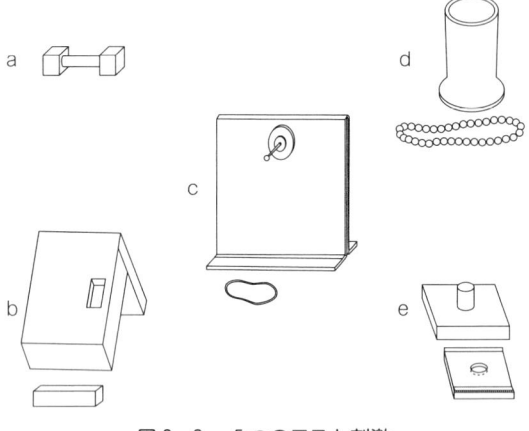

図2-2　5つのテスト刺激

注：(a)ダンベル，(b)箱と棒，(c)突起と輪，(d)コップと首飾り，
(e)正方形の板とはめ柱。
出所：Meltzoff (1995), 840.

な物を操作する場面を見せます（図2-2）。そのうちA群の子どもたちには正しい操作（たとえば，コップのなかに首飾りを入れる）を見せますが，B群の子どもたちには正しい操作を行おうとして失敗する動作（たとえば，コップのなかに首飾りを入れようとするけれど手を滑らせてしまい首飾りがコップのなかにうまく入らない）を見せます。その後その物を子どもに渡したところ，A群の子どもだけでなくB群の子どもも正しい操作をすることができました。つまり生後18ヵ月の乳児は，他者が何をやろうとしているのか，それが完了していない，失敗した行為を観察しただけで，他者の意図を理解できることがわかったのです。しかしこうした結果からは，単に操作された物の物理的な動きに導かれただけかもしれないという可能性が残されます。つまり，コップと首飾りを渡されれば誰だってコップのなかに首飾りを入れてみたくなる，というだけのことかもしれません。そこで第2実験では，ヒトがモデルになる場合と機械がモデルになる場合を比較しました。第1実験と同じように，生後18ヵ月の乳児を対象に，A群ではヒトがモデルとなって正しい操作を行おうとするが失敗する行為（ダンベルについている片方の立方体をはずそうとするが手を滑らせてし

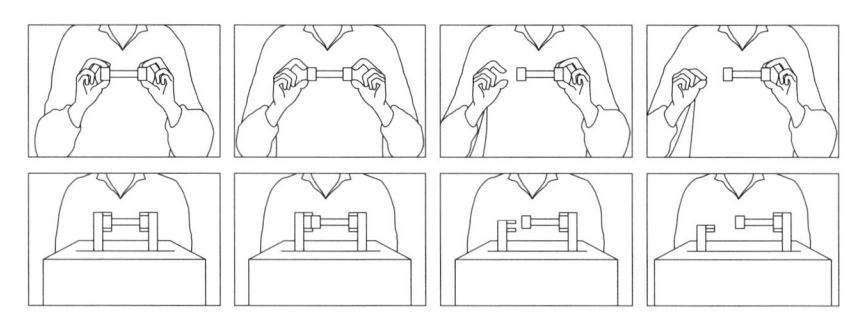

第2章　きみに生まれてきてよかったね

図2-3　ヒトのモデル（上）と機械による動き（下）
注：時間の流れは左から右へと表してある。
出所：Meltzoff (1995). 844.

まいうまくはずれない）を見せ，B群では機械が同じように操作するが目的の操作まで達しない行為を見せました（図2-3）。A群もB群もダンベルの立方体ははずれないままです。これらの行為を見せた後ダンベルを子どもに渡したところ，A群の子どもの方がB群の子どもよりも6倍も多くダンベルの立方体をはずすことができました。

　たとえば「ダンベルについている立方体をはずす」行為を見た時，それを「左手で支えている物体に右腕を近づけ……親指と人差し指を45度の角度に開いて……物体の先端2cmの部分をつまみ……」といったように解釈することもできます。しかし私たちは，実際には他者の行為をこのように見てはいません。そうではなく，"その人は何をしようとしているのか" という相手の心の内にあるであろう "意図" を推測する形で他者の行為を理解しているのです。この実験から18ヵ月の子どももやはり「ダンベルの立方体をはずそうとしたけど失敗しちゃった」行為として相手の動きを見ていることがわかりました。

（7）生活の見通しとことばの理解

　意図という観点から大人の行動を理解し始めた子どもたちは徐々に，生活行動には一定の順序やゆるやかな規則があることに気づいていきます。保育所の1歳児クラスで戸外にお散歩に出かける場面を想像してみましょう。「お散歩

だよ～」「ジャンパー着て，帽子かぶって行こうね」と先生が子どもたちに声をかけます。もう1人の先生がいつも上着や帽子を入れてあるカゴをもってきます。そして「〇〇ちゃんのジャンパーどれかな？　あったね」と一人ひとりに声をかけながら上着を着せていきます。上着と帽子を身につけたら玄関へ移動します。「はい，靴はいて」「ワゴンに乗って行こうね」「バス見に行こう」。繰り返し行っているお散歩コースの途中には市営バスの車庫があります。毎回バスが出てくるのを見るたびに子どもたちは大興奮です。子どもたちの姿に気づいてバスの運転手さんが手を振ってくれることもあります。「バス見に行こう」のことばに，子どもたちはきっと大型バスが車庫から出てくる様子，格好よく走り去る様子を思い描くでしょう。保育所の生活では，"お散歩"のたびにこれらのことを毎回同じ順序で同じように繰り返すわけです。やがて子どもは「上着や帽子を着て，靴をはいて，ワゴンに乗って，〇〇を見に行く」ことを"お散歩"という一連の動作として捉えるようになります。そして先生が自分に対して行う行為についても，「先生はぼくにジャンパーを着せようとしている，それはお散歩に行くためだ」というように意図と目的の観点から理解します。一つひとつの行為の意味がわかってその先の行動が予測できるようになるので，自分から動き出す姿も出てくるでしょう。毎日の繰り返しを通して子どものなかに生活行動の見通しがつくられていくのだと言えます。

　子どもの主体性やことばの理解は，こうした毎日の繰り返しのなかから生まれてきます。乳児期に生活リズムを整えることが大切だと言われるのは，身体の成長のためだけではありません。毎回同じだからこそ，それぞれの行為の関係がわかって次にくることの予想がつきます。予想がついて次にどうしたらいいのかわかるから自分で向かっていけるのです。またそれぞれの行動に毎回同じようなことばがかけられることで，子どもはそれらの行動とことばを結びつけて理解します。そして大人のことばの意味がわかってくると，今度はそのことばを支えにして動くこともできるようになります。たとえば，「おいで～」と手を広げると一生懸命ハイハイして大人のところまできたり，「ごはんだよ～」と声をかけると「まんまんま……」と言いながらテーブルのところまでや

ってきて，抱っこしてイスに座らせてといった様子で腕を上げたりします。「ボールぽん」と言うと大人に向かってボールを投げてくれます。大人のことばが響くようになったのです。こんな時，大人は子どもの成長を感じるでしょう。自分のことばにひたむきに応じてくれる子どもの姿はかわいらしいものです。

（8）今，ここにないものをイメージして動く

> 【エピソード 2-2　あれはどこだったかな？】
>
> 　コウヘイくん（1歳6ヵ月）がお母さんと一緒にスポンジパズルで遊んでいます。乳児向けのパズルですので，一つひとつのピースが大きく，家の形や魚の形，ウサギの形などになっていて，これを同じ形の穴にはめるようになっています。お母さんがウサギの形のピースを手に取り床の上でウサギに見立てて動かします。「ぴょんぴょん」。ウサギをだんだんとコウヘイくんに近づけていき……「ぴょんぴょんぴょん！」。最後にウサギでコウヘイくんの体をつつくと，コウヘイくんは「ぐふふふ」と笑って身をよじらせます。そして「もっとやって」というように，ピースをお母さんに渡して催促します。ところが，何回かそれを繰り返した時です。コウヘイくんはふと思い立ったように立ち上がり，おもちゃ箱の方へ歩いていきました。楽しそうにしていたのに，突然飽きちゃったのかしら……。お母さんは不思議そうな顔をしてコウヘイくんの様子を見ています。コウヘイくんは何かを探しているようです。「汽車？」お母さんが聞きます。「汽車探してるの？」。お母さんがおもちゃ箱のなかから汽車のおもちゃを出して動かしてあげると，満足げに汽車に向かってバイバーイと手を振るコウヘイくんなのでした。

　一般的に1歳半頃から表象能力が発達してくると言われています。表象能力とは，今，ここに現前しない対象や出来事，行為などを内的に思い浮かべる（イメージする）力のことです[10]。今，ここにないものをイメージする力が獲得されると，子どもたちの行動が変化します。お茶を出すと「イヤッ！　グーニュッ！」と言って牛乳を欲しがります。目の前にあるお茶ではない，牛乳をイ

▷10　中島常安ほか（編著）（2006）．発達心理学用語集．同文書院．pp. 156-157.（「イメージ」の項を参照）．

メージして要求するのです。お散歩に出た時も，右へ曲がろうとすると「ココチャン！」と言って左方向を指さします。"ぼくが行きたいのは右じゃなくて，(ココちゃんという名前の犬が飼われている家がある）左だ！"という具合です。大人が提案するものとは異なる子どもなりのイメージ・意志をもって，それを主張するようになるのです。先にあげたコウヘイくんの姿もその例です。もしかしたらコウヘイくんは，お母さんが手にもつウサギの動きから汽車が走る様子を連想したのかもしれません。いずれにしても，お母さんが提案したものとは異なるコウヘイくんなりのイメージをもって行動していることがわかります。

　このような子ども独自のイメージは，大人が準備した遊びに新しいものを付け加えふくらませます。ある保育所の1歳児クラスでは，新聞紙を何重かに折ってそのなかに針金を入れ，両端にマジックテープをつけた手づくりおもちゃを考案しました。◁11 折ったり，巻いたり，くっつけたりして形を変化させることができるおもちゃです。このおもちゃを部屋に出すと，子どもたちは早速，「ぼうしやねん」と輪にして頭にのせたり，くるくる巻いて「おにぎり」と言ったり，自由な発想でいろいろなものに見立てて遊び始めました。雨降りの日には棒は傘に早変わり。しばらくすると誰かが「雨やんだの」と言って，伸ばした棒の先を曲げてタオルかけにかけています。傘を干しているのです。このような遊びを見ていると，子どもは大人の姿を本当によく見ているのだなぁと感心してしまいます。

　見立て・つもり遊びは，表象能力の発達に支えられて，1歳の後半くらいからさかんになってきます。1～2歳児の見立て・つもり遊びは生活の鏡です。現実にはありえない想像の世界を展開させる幼児期のごっこ遊びとは異なり，この時期のごっこ遊びは，生活のなかで実際に体験したことを再現する遊びです。ですから1～2歳児は，子どもにとって生活の中心となる，食べる・寝る・風呂に入る，あるいは買い物に行くなどのごっこ遊びを男女の別なくよく

▷11　榎本晴美（2007）．1歳児の遊びがわかったぞ——みたて・つもり遊び．ちいさいなかま臨時増刊号　赤ちゃんのごきげんなくらし——ゼロ，一歳児の保育のきほん．ちいさいなかま社．68-73．

写真2-3 「ねんねんころり〜」イメージをもって遊ぶ

します。そのなかでチェーンをうどんに見立てたり，ハンカチを布団に見立てたり，砂場がお家になったりお店になったり……。これらはすべて，今，ここにないものをイメージする力に支えられていると言えるでしょう。この時期の子どもたちのごっこ遊びを見ていると，それぞれの子どもが自分なりのイメージをもって行動していることがよくわかります。そうしたイメージは，まだ断片的なものではありますが，その子だけの個の世界が広がり始めていることを教えてくれます。他の誰とも異なる「個」性が見えてくるのが，この時期なのだと言えるでしょう。

(9) 友だちと関わり始める

【エピソード2-3　たいこのお稽古】[12]

　1歳児クラスでの課業の時間です。初夏の時期で子どもたちは泥遊び・水遊びを楽しんでいました。その日は他のクラスも水遊びをしていて，砂場の周りに大きな大きな水たまりができていました。一通り遊んで，シャワーをするために何人かが近くにあったベンチに並んで座っていた時のことです。1人の子が両足で

▷12　長谷川美帆・近藤文美 (2007). 遊びや生活面で子どものサインに気づく．天使みつばち保育園2007年度にじぐみ半期のまとめ．

バチャバチャと泥を足踏みしました。すると隣に座っていた子もパシャパシャ……とまねをします。それを見たまた1人も一緒になって足踏みを始めました。"これだ!!"と思い，保育者も隣に座ると，ベンチにいなかった他の子どもたちも集まってきて，"ベンチに座りたいよ"と思いを伝えてくれます。保育者の「たいこのお稽古♪」の歌にあわせてみんなでパシャパシャ大合唱となりました。子どもたちに笑顔がこぼれてみんなで楽しいと思えた瞬間でした。

　このエピソードのように友だち同士で一緒になって1つの遊びを楽しむことは0歳台では見られないことです。大人の姿をよく見てまねしようとする子どもの視線は同じように友だちにも注がれます。友だちが楽しんでいることはぼくもわたしもやってみたい。友だちがもっている物はなんだか自分がもっている物よりも光り輝いてステキに思えます。先生のひざだって，友だちが座っているのを見た途端に自分も座りたくなってしまうのです。ですから友だちがもっているおもちゃを横から奪い取ったり，友だちの間に強引に割り込んだりということがしょっちゅう起こります。特に1歳の後半から2歳のはじめくらいまでは，子どもそれぞれが自分なりの意図をもって行動し始める反面，その意図がぶつかり合った時に「かして」や「いやだよ」などとことばで関係を調整することができません。当然子どもたちは実力行使に出ますからトラブルが絶えないということになります。かみつきやひっかきにより，子どもたちが怪我をしてしまうのは心が痛みますが，その背景には友だちに向かう気持ちが育ちつつあるのです。

　このようにトラブルになることもあるけれど，大人がおもちゃや遊びを間に入れたり，ことばで関係を取りもつことによって，子ども同士での遊びが盛り上がるのも1歳児です。上のエピソードでは，友だちの姿を見てお互いにまねし合うことで遊びが広がり，全員の間に楽しい気持ちが共有されました。この楽しさは，大人と子どもの1対1の遊びのなかでは得られない楽しさです。最初は偶然成り立った友だち同士での遊びですが，やがて子どもは「友だちと一緒が楽しい」ということを意識し始め，大人に遊んでもらうのとは異なる友だち同士での遊びを求めて積極的に友だちに向かっていくようになります。

(10) 1歳児はかわいい，でも大変だ！

　1歳児の大きな特徴は，子ども自身が自らの意図をもち主体的に動くようになることです。このことが0歳台とは違った1歳児特有のおもしろさ・かわいらしさをつくり出すと同時に，もうひとつ別の側面をも生み出します。子どもがもつ自分なりのつもりやイメージはいつもその通りに実現されるとは限りません。よくいう"ダダコネ"とは，大人のイメージと子どものイメージとのぶつかり合いです。時計を見てもうお昼の時間だからと大人が遊びを切り上げようとしても，子どもは「イヤ！」と頑固に遊び続けようとします。1歳児は，12時を過ぎたらだんだんお腹がすいてきてちょっとしたことにもイライラするし，しまいにはわけがわからなくなって大泣きするはめになる……などとは考えません。1歳児がイメージできるのは，あくまでもこの砂を次にどの器に入れるかといった1つ先のことだけです。そして「あとでまた続きをしよう」という大人の提案に対して，ぼくのイメージとは違うと抵抗するのです。あるいは，ボタンをはめるのをやってあげようとすると，できもしないのに「ジブンデ！」とひっくり返って怒ります。帽子をかぶせてあげると「ダメー！」と泣き叫んで帽子を脱ぎ捨てたうえに，その帽子をいつもしまってある棚まで戻して，もう一度そこから出してかぶりなおします。「えっ……そこからやりなおし?!」と大人は思わずため息をついてしまうのですが，1歳児は自分で帽子を出してきて自分でかぶるという自分なりの"おでかけ"のイメージを強引に実現しようとするのです。

　次にあげるのは，ある保育士研修会で1歳児を担当する保育士に1歳児保育のおもしろさ，大変さについて尋ねた結果です。▷13

・しゃべれなかった子どもたちが，一語文を獲得し，二語文，多語文へと発達し，大人と会話ができ始め，何気ない子どもの返答や，表現がおもしろかったり，かわいかったりする。

▷13　第14回あいち保育と子育てのつどい（2008），ミニ講座と実践交流会「どうつきあっていますか？『イヤイヤ』いっぱい，1歳児」講師・柘植節子（桜花学園大学）より。

- 真似が好きで，遊びを始めるとすぐに楽しんでくれる子どもたち。
- 友だちの存在が気になり，トラブルもあるけれど，保育士が必要に応じて間に入ると遊びが盛り上がったり，そのなかでの子ども同士の関わりやトンチンカンなおしゃべりが楽しい。
- 去年まで赤ちゃんだった子たちが「これでもか！」と自分を出してくる姿がたのもしい。
- 自分の思いがしっかり出てくると，保育士の言葉がけで，スンナリ受け入れてくれたり，長く手こずらされたりする。どんな対応や言葉がけをするかをさぐりながらも，子どもの思いに響いた時は，子どもをとてもかわいく思うし，保育のおもしろさを感じる。
- 言葉よりも手や口が先にでる時期，かみつきがでてくると心が痛む。
- 食事のトラブル（同じものしか食べない等）が多い。

　他の誰とも違う自分自身の思いをもって，それをことばで，行動で表現し始めた子どもの姿は，大人からすると，かわいらしい，おもしろいと思えるだけでなく，扱いにくいと思えたり困った行動とも映ります。1歳児がもつ見通しやイメージはまだまだ未熟で，相手の思いを考慮し受け入れて，あるいはその場の状況に合わせて自ら変えていけるような柔軟なものではありません[14]。しかしその一方で，子どもの思いを無視して強引にすすめようとする大人に対してはとことん抵抗します。そのため食事，睡眠，排泄，外出，遊びといった生活の様々な場面で，大人は子どもの思いを配慮せざるを得ないわけですが，そうするとどうしても一つひとつの行動に時間がかかります。さらに大人の目にはちょっとしたこと，もしくは理解できないところで，子どもが「自分の思いと違う」とふてくされたり大泣きしたりするため，気持ちの崩れた子どもをなだめるのに大変苦労します。このために，大人からすると扱いが難しくなってきたと感じられるのですが，そうした姿は，子どものなかに大人が要求するもの

▷14　第3章 p. 137．「（2）terrific を可能にする表象の発達」と比較すると1歳児のイメージの堅さ（非柔軟性）がよくわかる。

とは違う「自分の意志」,「〜したいという自分なりの思い」が生まれてきた証拠でもあるのです。

② 1歳児の姿はなぜ生まれるのか

これまで1歳児の姿を概観してきました。0歳台に比べて、より主体的に人や物に向かい、自己主張し始める1歳児。「"きみ"に生まれてきてよかったね」と歌うにふさわしい、個としての子どもが見えてくる時期です。ここからは、そんな1歳児の姿を成り立たせている発達的な背景をさぐってみましょう。

(1) 移動運動機能の発達と自我の芽ばえ

生後9〜10ヵ月から2歳前半までの子どもの発達におけるもっとも大きな特徴は、自律移動の開始です。一般的に子どもは、生後7〜8ヵ月頃から、うつぶせの状態でお腹を中心に方向転換(旋回)ができるようになり、やがてお腹を床につけたまま手やひじ・足の力を使って前や後ろへ進むずりばいをし始めます。その後9〜10ヵ月頃には、腕・足で上体を支え浮かせて前へ進む四つばいやつかまり立ちをし始め、12ヵ月前後には伝い歩きをするようになります。やがて1歳前半には多くの子どもがひとり立ち・ひとり歩きを開始し、1歳後半になると歩行が安定してきます。また2歳台になると少し長い距離を歩けるようになるとともに、ちょっとした段差や傾斜、階段などの環境の変化にも対応できるようになり、走る・跳ぶ・よじ登るなどの力も育ってきます(表2-1)。

このような自律移動能力の獲得は子どもに様々な変化をもたらします。ある研究では、生後6ヵ月半から10ヵ月の乳児を対象として、「すでにいくらか移動できるグループ」と「まだ移動できないグループ」に分類し、両グループの乳児に歩行器を与えて行動を観察しました。[15] すると実験前にまだひとりで移動

▷15 Gustafson, G. E. (1984). Effects of the ability to locomote on infants' social and exploratory behaviors : An experimental study. *Developmental Psychology*, **20**, 397-405.

表2-1　移動運動機能の発達

月　齢	7～8ヵ月	9～10ヵ月	11～12ヵ月	1歳前半	1歳後半	2歳台
可能な自律移動の形	お腹を中心に方向転換（旋回），ずりばい	四つばい，つかまり立ち	高ばい，伝い歩き，片手支え歩き	ひとり立ち，ひとり歩き	歩行の安定，階段を1段ずつ足をそろえながら昇降	歩く力が増す，走る，跳び降りる，坂をよじ登る，足を交互に出して階段を昇る

できなかった乳児は，歩行器に入れられると目で環境内を探索する時の視線のパターンを変化させ，身ぶりや微笑・発声などの社会的行動も増加させたのです。これに対して，実験前からひとりで移動できた子どもには，そのような変化は見られませんでした。つまり自律移動の経験が子どもの物の見方や人との関わり方を変えたのだと考えられます。また移動運動の開始から一定期間を経た乳児は，それ以前の時期に比べると，周囲の物に対してより強い興味や関心を示すようになるとともに，強い怒りの情動表出をすることが増え，養育者の後追い行動が増加するという報告もあります。[16]

　歩けるようになることによって，それまでは漠然と視野に入っていた向こう側の空間が"行くことのできる場所"に変わります。また今までは漫然と見ていた周囲の物も"手が届く対象"になります。自律移動の開始は人間の環境に対する自由の獲得だと言えるでしょう。移動手段がハイハイから歩行へと変化し，坂や階段なども上り下りできるようになることは，環境支配の程度が増していく過程と捉えることができます。歩き始めの子どもは，その足取りの一歩一歩において，転ばないようにするため，歩幅や体のバランスを保つこと等多くの動作に注意を払わなければなりません。しかしやがてそうした一つひとつの動作を習熟することによって，子どもは自分自身の体の動きに注意を向けるよりも目標の方に注意を向けることができるようになってきます。[17]つまり歩く

---

[16] Campos, J. J., Kermoian, R., & Zumbahlen, M. R. (1992). Socioemotional transformations in the family system following infant crawling onset, In N. Eisenberg, & R. A. Fabes (Eds.), *New direction for child development*, No. 55 : The Jossey-Bass education series. San Francisco, CA, US : Jossey-Bass. pp. 25-40.

第 2 章　きみに生まれてきてよかったね

写真 2-4　歩くのって楽しい！

ことそのものが楽しい状態から，歩行運動が自動化して背景へ退き，代わりにあの場所へ"行きたい"，あの物を"欲しい""さわりたい"という欲求が前面へ出てくるのです。このようにしてふくらんできた欲求は，"〜したい"という形での「自分」を子ども自身に自覚させます。この意味で移動運動機能の発達は自我発達の解発因[18]であると言えるかもしれません。

しかしながら，こうした子どもの欲求と自律移動は必然的に養育者からの抵抗にあいます。養育者としての大人は，子どもが危なっかしい足取りであちらこちらへ移動し，ゴミ箱をあさったり，せっかくたたんだ洗濯物をばらまかれることを"子どもが獲得した自由"として許すことはできません。子どもを危険から守り生活を回していく義務と必要から，子どもの自律移動が始まると，

▷17　ケイ，K., 鯨岡峻・鯨岡和子（訳）(1993). 親はどのようにして赤ちゃんをひとりの人間にするか．ミネルヴァ書房．

▷18　解発因：リリーサー（releaser）とも言う。もともとは動物に種固有の行動を引き起こさせる要因のこと。Bushnell & Boudreau (1993) は，「当の能力が他のある能力の前後に特徴的に出現するのはなぜか？」と問い，発達現象における"解発（break）"という考え方から，他領域の能力出現における移動運動発達の重要性を示唆した。ここでは，移動運動機能の発達が子どもの「自我」というものを子ども自身にもまた大人に対しても顕在化させるきっかけになりうるという意味で解発因という言葉を用いた（Bushnell, E. W., & Boudreau, J. P. (1993). Motor development and the mind : The potential role of motor abilities as a determinant of aspects of perceptual development. *Child Development*, **64**, 1005-1021.）。

どうしてもその行動を禁止・制止せざるを得ない場面が増えます。その際やんわりと取り去るか，強引に子どもをその場から引き離すかは様々でしょうが，いずれにしても子どもから見ると養育者からの制限は自らの行動を阻むものとして映ります。気づいたらやっていたのではなく[19]，「欲しい」という自らの欲求を自覚し，そのために体を動かして手に入れた物だからこそ，「それは危ないからダメ！」と大人の都合で取り上げられることに対して激しく怒るのです。このように自らの欲求が養育者からの抵抗にあうことは，子ども自身に"～したい"自分をますます自覚させます。病気になって初めて健康のありがたさがわかるように，その行動が阻止されることによってあらためて自分が何をしたかったのかがはっきり意識させられるのでしょう。

　一方養育者の方も，「ダメ」と子どもが手にしたものを取り上げた時に，今までだったら「あれ，なくなっちゃった」くらいの反応しか示さなかった子どもが，顔をゆがめ大声で泣き叫んで怒りを表明するようになったことに対して驚きます。なぜ海苔1枚にそこまで怒るのか[20]，納得のいかない気持ちもするけれど，しかしそこに大人の言いなりにはならないその子の自我があることを大人の方もはっきりと認識させられるのです。そして，これまでは有効だった子どもへの対応の仕方が通用しなくなり，子どもが自分の言うことを聞かなくなったことに養育者は苛立ちや困惑を覚えつつ，試行錯誤を経て，親である自己の視点と子どもの視点の調整を図るよう適応していきます[21]。このように子どもが歩けるようになることは，親子の関係をも変えていくきっかけとなります。

▷19　第1章p.43.参照。
▷20　田中昌人・田中杉恵（1982）．子どもの発達と診断2．乳児期後半．大月書店．p.122.に1歳児の子どもの自我の特徴がよく表れている例が載っている。食事の場面。子どもはもっと海苔がほしいと主張するが，お母さんにダメと言われて激しく泣き崩れる。あまりひどく泣くので，しょうがないからじゃあ1枚だけねと言われ，海苔を1枚もらうと今までのことはころっと忘れてご機嫌になるというエピソード。たかが海苔1枚にここまで自己主張できるのが1歳児らしい。写真により解説されていてわかりやすい。
▷21　坂上祐子（2003）．歩行開始期における母子の共発達——子どもの反抗・自己主張への母親の適応過程の検討．発達心理学研究, **14**, 257-271.

乳児保育では，病気にならない丈夫な体づくりという視点から，乳児期に赤ちゃん体操やリズム運動を取り入れたり，しっかり歩いたり走ったりすることを大切にしている園がたくさんあります。それはそれで大切な視点です。しかし，上に述べたように，自分の体を使って自律的に移動できるようになることは，乳児期においては身体的な成長ということ以上の意味をもつと言えます。歩行の獲得は，未知の場所へ向かい新しい世界を探索する可能性を子どもに拓き，具体的な目標物に向かって"～したい"と願う「自分」というものを子どもに与えます。保育においては，その芽ばえたばかりの1歳児の自我をのびのびと発揮できるような環境づくり・遊びづくりが求められるでしょう。たとえば，散歩先で子どもが見つけたものに大人も寄り添ってみると，石や葉っぱなど大人にとっては何でもない，背景の一部のように思えるものに対しても，子どもが新鮮な驚きをもってそれらのものを発見していることに気づきます。その時子どもの目線に立って「○○ちゃん，いいもの見つけたね」と共感のことばをかけたなら，子どもはもっとうれしいでしょう。それには，歩き始めの子どもがよちよち歩き回っていいもの探しをするのに十分な広さがあり，かつ危険でない空間が必要ですし，子どもの目線に立ってその子が見ているものを共有できるような保育者の側の時間的な余裕や一人ひとりの子どもに対応できるだけの人数の余裕が必要です。実は，このように空間・時間・人数といった物理的な側面を整備することが，1歳児の自我の発達を支えることへとつながるのではないでしょうか。

　また，遊びづくりという点では，自律的に体を動かせるようになったことが楽しい1歳児ですので，そうした運動の喜びがその子だけの世界に閉じるのではなく，他者にも開かれたものになるような遊びを工夫したいと思います。たとえば，今までは大人の方が顔を隠して見せていた"いないいないばぁ"ですが，これをダンボールハウスやトンネルなどを使うことによって，子ども自身が「ばぁ！」と顔を出した時に他の友だちや保育者と目が合うようにしてみます。自分の体の動きに同期してタイミングよく相手と視線が合うという経験をすることは，その子どもに他者の存在をよりいっそう新鮮なものに感じさせ，

写真2-5　ばぁ！　先生と目が合って

他者に注意を向けるきっかけとなるでしょう。このような構造をもつ遊びは，他者になかなか注意が向かわず，ひとり遊びに没頭しがちな特徴をもつ子どもに対しても，人と関わり合うことの楽しさを伝え，友だちへの関心を広げる効果があるようです。[22]

（2）表象能力の発達

　自律移動の開始に並ぶ1歳児の大きな特徴のもうひとつは，今，ここにないものをイメージする力（表象能力）の発達です。この今，ここにないものをイメージする力の萌芽は，子どもの入れ替え・移し替え遊び，2つの器への配分といった行動のなかに見ることができます。2つの器を用意し，「どちらにも同じに入れてね」と積み木を与えて配分を促すと，1歳3ヵ月くらいまでの子どもはどちらか一方の器に全部入れようとしますが，1歳半頃になるとどちらにも入れようとするようになります。[23] 1歳半の子どもは，片方の器に積み木を入れながら同時に「この器ではないもう一方の器」をイメージすることができ

---

[22] 鈴木成美・石川英子（2011）．子どもが主人公になるために——Yくんの姿からかんがえる．天使みつばち保育園2010年度にじぐみ1年のまとめ．
[23] 白石正久（1994）．発達の扉（上）．かもがわ出版．

るため，片方の器に入れ終えたらもう片方にも，となるのでしょう。1〜2歳にかけて不思議なほど熱心に入れ替え・移し替え遊びを楽しむ時期があります。一方の器の水や砂を他方の器に入れ替え，またもとの器に入れ替え，あるいは別の器に移し替え……。こうした遊びを通して「これではないもう一方」を頭のなかにイメージする力が育つのかもしれません。

このように今，ここにないものをイメージする力がどのように芽ばえてくるのか，その起源を見てみると，なぜ1歳児が「イヤ！」という形で自己主張するのかを理解することができます。

【エピソード2-4　もっと見ていたかった】[24]

お母さんが保育参加してくれた日，散歩からの帰り道，園舎の近くでバキュームカーを見つけ，みんなと「わぁ〜，すごいねー」。しばらく見てから，「ご飯を食べよう」と園内に戻ってきた。もっと見ていたかったA（2：0）は大泣き。Aの声に保育者が「もっと見てていいよ」と声をかけ直したが，着替えも"イヤ"，抱っこしても"イヤ"，降ろされるのも"イヤ"。どうにも収まらなくなってしまい，一度保育者が代わろうとするが，それはもっと"イヤ"とそのまま泣き続け，テラスで少し落ち着いてくるのを待った。落ち着いてきたところで，「もっと見ていたかったんだよね」「まだいるかな，見に行ってみようか」と声をかけた。お母さんに抱っこしてもらい，バキュームカーが見えるところまでテラスを移動した。すでにバキュームカーはそこにはいなかったが，「あそこにいたんだよね」「また来るといいね」と，お母さんと保育者がかけたことばをAは黙って聞いていた。Aの"もっと見ていたかった"という思いに大人が共感し，しっかりと向き合うことで，A自身も自分の思いをわかってくれたという嬉しさが気持ちを切り替えるきっかけとなり，自分で納得し，次に進むことができた。

いかにも1歳児という子どもの姿がよく表れたエピソードです。ここでのポイントは，実は，Aちゃんが園内に戻ってきてから大泣きしたというところにあります。子どもの表象能力は，発達の最初の段階では，上に述べたように

▷24　市橋空・清水夕香（埼玉・ひまわり保育園）（2009）．子どもたちの自己主張「イヤイヤ」「ジブンデ」に向き合う時代．第41回（大阪）全国保育団体合同研究集会要綱1歳児の保育A，pp. 93-94．

「この器ではないもう一方の器」といった形で発揮されます。つまり，今，ここにあるものの否定形として，今，ここにないものがイメージされるのです。このエピソードで言えば，園に戻るのではないという形でしか，Ａちゃんは自分の思い（「バキュームカーをずっと見続けていたい」）を意識することができないのです。こうして見てみると，子どもが自分自身の思いを自分で意識し，それを表現するということは案外に難しいことなのかもしれません。園に戻ってくるという事態に陥って初めて，Ａちゃんは自分のなかに「これではない」というモヤモヤしたものを感じ，泣き出します。けれど，この時点でもＡちゃんには，「バキュームカーをずっと見続けていたい」というはっきりした形では自分自身の思いは意識されていないでしょう。とにかく「園に帰るということではない」という感覚だけなのです。だから「もっと見てていいよ」という保育者の声かけにも，素直に応じることができません。そして大人が提示するものすべてに「それではない」と大騒ぎします。結局，テラスに出て気分が変わり落ち着いたところに，バキュームカーがいた場所を「あなたが望んでいたのはこれだったんだね」と提示されることによって，「自分はバキュームカーをずっと見続けていたかったのだ」ということにＡちゃん自身も気づくのです。このように，1歳児特有の「イヤイヤ」の姿は，表象機能の発達という観点から捉えると納得できるのではないでしょうか。

　一方，このような否定形で今，ここにないものをイメージするやり方は，語彙が増えるのに従って徐々にことばで対象を指し示す形へと変わっていくでしょう。私たちはどうしても，まず最初に指し示したい内容や思いが先にあって，次にそれをことばや身ぶりで表現するのだと考えてしまいます。この場合，ことばは思想を単純に映し出す鏡のようなものにたとえられるでしょう。しかし実際には，ことばはそれ以上の働きをします。思想は，ことばに転化する時に，削り直されたり変形させられたりするのです。これは作文の例で考えてみるとわかりやすいかもしれません。中学校や高校または大学で作文・小論文を書いた時のことを思い出してみてください。こんなことを書こうと書きたい内容を決めて書き出したはずなのに，書いているうちに思っていたのと何だか違う方

向へ文章が進んでいってしまいます。そこで，書いた文章のあっちを削りこっちを削り，文を書き加えてみたり違うことばで表してみたりして修正します。そうこうしているうちに，実は自分が本当に言いたかったのはこういうことだったんだと，最初に書こうとしていた内容と違うことに自分の関心があったことに気づかされる，そういう経験をした人も多いでしょう。ことばを使い，文章を組み立てることによって，"思考"という作業が行われ，それによって自分の思想が形成されたのだと言えます。思想はことばで表現されるのではなく，ことばで行われるのです。▷25

　バキュームカーがいた場所を示され「もっと見たかったんだね」と声をかけられた時，そのことばはＡちゃんの思いとぴったり重なって，「そうか，自分が感じていたのはこれだった」と，Ａちゃんの心の奥へすんなり届いたでしょう。このようにして心の奥に届いたことばが，今度はＡちゃんが自分の思いを形づくる（思考する）時のビルディング・ブロック（building blocks；建材）になるのです。そして，ビルディング・ブロックとしてのことばがＡちゃんのなかに十分にたまった時，Ａちゃんはこのことばを使って自分の思いを形づくり，「もっと！」と大人に伝えられるようになるでしょう。この意味で，本来，ことばは他者からもらうものなのだと言えるかもしれません。他者からもらったことばを使って私たちは自らの思考を行うのです。ですから，子どもたちが豊かに考えられるよう，私たちはたくさんのことばを子どもたちにプレゼントしたいと思います。そのために，子どもだからまだわからないだろうと適当に対応するのではなく，その時どきの子どもの気持ちに丁寧に真剣に向き合ってことばをかけたいと思うのです。

（3）融即と言語コミュニケーションの間で

　第1章にあったように，0歳台の赤ちゃんは他者の動きや情動につられやすく，他者に起こった出来事をまるで自分のことのように感受してしまう傾向が

▷25　ヴィゴツキー, L. S., 柴田義松（訳）(2001). 思考と言語. 新読書社.

写真2-6　笑顔につられる

あります。このような他者との関係をここでは「融即関係」と呼びたいと思います。融即[26]とは，自己と他者が区別されず一体になっているような状態を指します。お母さんに抱かれている生まれたばかりの赤ちゃんがその典型でしょう。お母さんと赤ちゃんは，外側から見るともちろん皮膚と皮膚で隔てられた2つの個体なのですが，赤ちゃん自身は，そのような"自己"と"他者"という区別を概念的にすることができません。赤ちゃんがお母さんに抱かれると安心するのは，お母さんの体と自分の体が解け合っているような一体感を得ることができるからです。こうした融即関係は2者の身体が触れ合っていなくても生じます。情動伝染[27]などがよい例です。これは意志とは無関係に身体が周りの状況に反応して自然に他者と同じ情動状態になってしまうことだと考えればよいでしょう。情動伝染は1歳を過ぎると徐々に少なくなってきます。しかし1歳台は，まだまだ相手の体の動きやリズム，表情や声の雰囲気などに直接的な影響を受けやすい時期です。他者との関わりのなかに融即的な側面が多く見られるのです。

▷26　融即という用語はワロン（Wallon, H.）による。詳しくは，ワロン, H., 滝沢武久（訳）（1962）. 認識過程の心理学——行動から思考への発展．大月書店．pp. 166-174. を参照されたい。

▷27　第1章 p. 26.「（4）つられることの強味と限界」参照。

一方，1歳を過ぎると初語が聞かれ，1歳後半には語彙も急増して二語発話が出現するなど，ことばでのコミュニケーションが始まります。言語コミュニケーションでは，自己と他者が区別され，切り分けられた個と個の間でイメージや情報が交信されます。共同注意に始まる三項関係はその原初的な形態と言えるでしょう。先に1歳は個としての子どもが見えてくる時だと書きました。三項関係は，文字通り三つの項がなければ成立しません。自己と他者と，その間に交わされるものとしての第三項（物やことば）です。ですから三項関係の成立は，子どもが他者との融即関係から脱して，個人としての自己を確立し始めたことを意味するのです。それは，他者と一体化してしまうのではなく，自己と他者を分けたうえで，ことばという道具を使って，自らの意思・イメージを相手に伝える関係の始まりです。

　1歳児における他者とのコミュニケーションには，このような融即と言語コミュニケーションの両方の特徴が混ざり合っています。一般的に，友だちと一緒に遊ぶ姿は1歳くらいから見られ始めますが，これは1歳児が同じ空間に複数いると自然と一緒に遊び始めるということではありません。1歳児が友だち同士で一緒になって1つの遊びを楽しむためには，いくつかの条件がそろうことが必要なのです。

【エピソード2-5　オマメ，エイ】

　片栗粉遊びをしていた時のことです。最初は粉だけで遊び，次に水を入れてトロトロにしたり，また粉を足してパラパラ〜としたり，いろいろな感触を楽しんでいた1歳児たち。何度も粉と水を混ぜているうちに片栗粉がポロポロと小さなかたまりになりました。それをユウくんが「オマメ，エイ」と保育者に向かって投げました。節分のイメージで楽しんでいるようです。そんなユウくんの姿に保育者も「いててて……」と反応を返しました。するとそれを見ていた他の子たちも"楽しそう"と，みんな粉を集めて「オマメ，エイ」と投げてきます。保育者も「やったな〜。先生もお豆，エイ！」と投げ返すと，今度は子どもたちが「イテテテ」とやられて，そんなやりとりを何度も何度も楽しみました。保育者も子どももみんなで全身真っ白になってあそぶことができました。

子どもたちが歓声をあげながら全員一緒になってやりとりを楽しんでいる様子が目に浮かびます。このエピソードからは，1歳児にとって友だちと遊ぶということがどういうことなのかがよくわかります。三項関係成立前の0歳台では，自分で片栗粉をさわりながら同時に周りの友だちや先生に注意を向けることは難しいので，「オマメ，エイ」「イテテテ」のやりとりが集団のなかに広がるということはないでしょう。また逆に2歳半を過ぎて言語コミュニケーションが優位になってくると，子どもは「オマメ，エイ」と粉のかたまりを投げるという行動だけでなく，やりとり全体の意味をも理解し，それを友だち同士で共有し合って楽しむようになるので，"みんなでオニをやっつける"といったストーリー（行動の展開）を求めるようになるでしょう。1歳児は，この0歳と2歳の中間にあります。行動の展開を理解してそこに参加するというところまではいかないけれど，単純な一つひとつのやりとりなら理解することができ，また友だちの行動にも目を向けて，おもしろそうなことをまねしてみることができる。その結果，集団全体で1つの遊びが共有されるのが1歳児なのです。ですから，1歳児の集団遊びでポイントとなるのは，やりとりや動作の単純さ・わかりやすさと，ことばの音程やリズムです。上のエピソードでは，「オマメ，エイ」「イテテテ」ということばの音程やリズムが楽しく，また豆（粉のかたまり）を投げる動作，そして豆が当たったら逃げるという単純なやりとりが子どもにとってわかりやすかったのでしょう。[29]節分の行事を経験した後の子どもたちは，粉のかたまりを投げる動作からオニや豆まきをイメージすることができました。またそのイメージは単純な動作とかけ声によって表現されているため，ことばで説明しなくても見ただけで共有することが可能でした。さらに他者と融即的につながりやすい1歳児ですので，この楽しい雰囲気はすぐに子どもたち全員に広がり，クラスが一体となって遊ぶことができたのでしょう。

▷28　新谷悠・浅野由里恵（2009）．"みんなで"から"一緒が楽しい"になるには……．天使みつばち保育園2009年度にじぐみ半期のまとめ．
▷29　エピソード2-3（p. 91.）も，足で泥をバシャバシャする動作と「たいこのお稽古」の歌のリズムが組み合わさっているという点で，1歳児のコミュニケーションの特徴によく合っている。

第2章　きみに生まれてきてよかったね

【エピソード2-6　オバカ！】
　2歳児クラスに上がったばかりの子どもたち。課業に入る前のひと時で，5人の子どもが1つのテーブルに向かって座っていました。コトちゃん（2歳6ヵ月）が（おそらく）昨日見たテレビの動作を思い出して「○○して，オバカー！」と言い，ズッコケるマネをしました。みんな「キャハハハ！」と大笑い。それがおもしろかったケイくん（2歳5ヵ月）も，すかさず「××して，オバカー！」と続けます。子どもたちは，またまた「ギャハハハッ！」と大笑い。その後しばらく「オバカー！」「ギャハハハッ！」のやりとりで盛り上がりました。"バカ"ということばを使って遊ぶのはどうかしらと疑問に思いつつも，子どもたちがあまりに楽しそうなので，見守っていた先生でした。

　言語コミュニケーションが優位になる2歳後半以降とは異なり[30]，2歳前半までの子どもたちにとって，友だちとつながり合うためには，ことばの意味そのものはそれほど重要ではありません。このエピソードのなかでも，「オバカ」ということばは，友だちを揶揄したり非難したりするために使われていたのでは決してなく，単純にその音程やリズム，ズッコケる動作がおもしろくて子どもたちは笑っていたのでした。
　この時期の子どもたちは，友だちへの興味はあっても，ことばで遊びに誘ったり，ことばで互いの関係を調整したりすることはまだできません。ですから，友だちへの強い興味は，いきおい抱きついたり，おもちゃを取り上げたりという行動になりがちです。急に抱きつかれたりおもちゃを取り上げられたりした方の子どもは当然不快になりますから，泣いたり反撃に出たりしてトラブルになってしまいます。時には，保育者がトラブルの対応だけで精一杯になってしまい，とてもクラスでの一体感を味わうなどというにはほど遠い状況になることもあるかもしれません。1歳児は，子どもだけで関係をつくって遊ぶのはまだまだ難しく，基本的には大人の仲立ちを必要としています。しかし，大人の仲立ちがあれば，他の月齢とは違った一体感をもって子どもたち同士がつなが

▷30　第4章 p.190.「（2）『悪いことば』を問い直す」参照。

写真2-7 おつむてんてん，ひじとんとん

り合えるのも1歳児なのです。それには，ことばの意味よりも音程やリズム，単純な動作，単純なやりとりが大事になってきます。

　乳児期に童歌が多く歌われるのは故無きことではありません。他者の動きや情動につられやすい乳児期の子どもは，大人が歌う童歌の優しい音程やリズムにつられて安心したり体をリラックスさせたりすることができます。また童歌にあわせてされる手遊びも，最初は大人から子どもへ伝えられ，大人と子どもの間で行われますが，いったん子どもが覚えると，今度はそれが子ども同士をつなげる媒介役になってくれます。歌や手遊びが間に入ることで，ことばがなくても，「あっ，それ知ってる！」とまねし合って子どもと子どもの間に交流が生まれるのです。

　また，かくれんぼやまてまて遊び，「ちょうだい・どうぞ」，「いってきます・いってらっしゃい」といったやりとりは，1～2歳の子どもたちが大好きな遊びですが，どれもきわめて単純なやりとりの構造です。ことばで説明しなくても一目瞭然，すぐにやり方がわかります。こういうやりとりの「型」があると，子どもは，自分が何をすればよいか，それに対して相手はどう反応してくれるのかがあらかじめわかった上でやりとりを始めることができます。上にも述べたように，この時期の子どもは，一つひとつの行為の意味がわかってその先の行動が予測できるようになると，主体的に動き出せるのです。そして，

この「型」に支えられたやりとりを繰り返し楽しむなかで，子どもたちは，徐々に友だちと一緒だからこそできる遊びや味わえる興奮があることを知っていきます。

こうして生まれた子ども同士の交流は，2歳後半～3歳くらいになると，"一緒に遊んだね""あんなこと，こんなことを一緒にやったよね"という記憶に支えられて，行動上のやりとりから気持ちのつながりへと変化していきます。子どもの友情は単純なやりとりの繰り返しから生まれるのです。1歳児は，その友だちの世界の入り口に立ったところです。わかりやすい遊びの「型」を通じて友だちという存在に出会うのが1歳の時期です。

③ 1歳児を育てる

(1) 子どもを受け止めるってどういうこと？

子どもを受け止めることが大切だとよく言われます。しかし，何をどう受け止めたらよいのでしょうか。また，「子どもを受け止めるということは，子どもの言いなりになることや，甘やかすことと何が違うのか？」という疑問の声もしばしば聞かれます。

1歳児は大人に対して「自分」を強く主張し始める時期です。これまで世話をされる一方だった子どもが，「〜デハナイ」と大人の世話を拒否するようになります。しかし，「〜デハナイ」ものは何なのかと問えば，その答えは当の子ども自身にもわからないという矛盾もそこにはあります。そのため，大人が子どもに寄り添い，子どもの目線に立って，子ども自身にもわからないその思いを一緒にさぐるということが必要になってくるわけですが，たとえそのように苦労してやっと子どもの思いがわかったとしても，実はその要求が，友だちのおもちゃが欲しいということだったり，剥いてしまったバナナの皮をもとに戻したいということだったりと，到底叶えられないものであることも多いのです。ことばで説明・説得してもまだまだ理解できない1歳児です。結局，泣き叫ぶ子どもを目の前にして，大人は途方に暮れるか，怒り返すか，無視を決め

込む……ということになってしまうのではないでしょうか。1〜2歳の時期は，大人にとって子どもを受け止めるとはどういうことなのかをもっとも考えさせられる時期かもしれません。ここでは，この「子どもを受け止める」という言葉をキーワードにしながら，1歳児と大人の関係について考えてみたいと思います。

【エピソード2-7 子どもの気持ちを受け止める】

4月，2歳の誕生日を迎えてから1歳児クラスに入園してきたSくん。初めての保育所に少しとまどいながらもすぐに慣れることができました。最初は大人しかったSくんですが，要求を通そうと激しく気持ちを出してきたのが6月以降でした。そして同じ頃から，いっぱい受け止めてほしいという気持ちの表れなのか，かみつきが多くなってきたように感じられました。そこで，Sくんの気持ちを受け止めていこうと担任間で話し合いをして，とことん要求に応えるようにしました。

・ごはんがいっぱいほしい

6月頃まではSくんの「ごはん（がほしい）」のことばに「はい，どうぞ」とすぐにおかわりをするようにしてきました。7月頃からはSくんとの関係もできはじめてきたので，保育者は他のおかずも食べてほしいなと思い，「ごはんちょうだい」というSくんのことばに「わかったよ，○○ちゃんの次におかわり入れるね。それまでおかずやスープを飲んで待っていてね」とすぐにおかわりを入れず，間を取るようにしました。すると"なんでごはんをくれないんだ！"と怒り，お皿をひっくり返して大泣きする姿がありました。また，ごはんのおかわりを何杯かして，もうこれ以上おかわりはできないということがわかった時に，隣で食べている友だちをたたいてしまうこともありました。その時には「もっと食べたかったんだよね」「ごはんあるか給食の先生に聞いてみるね」とSくんのまだ食べたいという気持ちを否定的に捉えず，ありのままのSくんを受け止めるようにしました。そして最後はおひつを見せて「もうからっぽだね，おいしかったね」「たくさん食べられたね」と伝え，Sくんが納得できるよう工夫しました。それと同時に，担任間で話し合って，ごはん以外にも気が向くようにと，サラダを食べている友だちの姿を見せて，「○○ちゃんお野菜食べているよ，Sく

んも食べられるかな」とＳくんがごはん以外のものを一口でも食べられるようにしていきました。他の友だちが野菜を食べているのを保育者がほめると，"ぼくも"という気持ちからか，一口食べてみる姿も出てきました。そして「食べた！ 一緒だね！」と友だちと共感する姿も見られるようになりました。後半期（１月過ぎ）には，「にんじん食べられるかな？」と保育者が聞くと，しかたないなぁという顔をして一口食べるなど，以前と比較するとごはんだけほしいという気持ちが和らいだような感じがします。

・寝たくない

 ６～７月にかけて，給食を食べた後に，他の子どもたちは昼寝のために布団に入るのですが，Ｓくんだけが部屋のなかを走り回るという姿がありました。保育者が寝るように促すと奇声を発したり横になっている友だちを起こしたりします。他の子たちもＳくんが気になって眠れなくなってしまうため，Ｓくんが寝る気になるまでいったん廊下で過ごすことにしました。廊下では，保育者と１対１で遊び，関係をつくっていくようにしました。しかし，Ｓくんのもっともっとという際限のない要求に，つい「～したらお部屋に戻るよ」「お茶を飲んだら寝るよ」「約束したよ」と否定的な働きかけに陥ってしまう時がありました。そうなるとＳくんは，寝る気持ちになるどころか益々強く要求を通そうとするようになりました。このことから，まだ２歳になったばかりのＳくんに約束は難しいこと，Ｓくんの気持ちを無視してことばで抑制していないかなどを担任間で反省しました。その上で，Ｓくんのことば通りを実現することが受け止めるということではなく，遊びなどの他の場面でＳくんの表現を保障していこうと話し合いました。そして廊下で過ごすのをやめて，みんなと同じく寝るように働きかけをしていきました。当初は"寝たくない"と自分の気持ちを出していたＳくんでしたが，そのうち"この先生とだったら寝る"というように変わり，やがて自分で気持ちを切り替えて布団に横になり眠っていけるようになりました。（…略…）

 はじめはＳくんをどこまで受け止めればいいのか悩みました。ことば通りの要求を受け止めてもＳくんの本当の要求は別にあるのではと担任間で話しました。そして大事なのは，Ｓくんの大人に甘えたい気持ち，ぼくを受け止めてくれ

▷31　畔柳早苗（愛知・第二めいほく保育園）（2008）「Ｓくんを受け止めるということ」　第14回あいち保育と子育てのつどい　ミニ講座と実践交流会「どうつきあっていますか？『イヤイヤ』いっぱい，１歳児」資料より。

> るだろうかという不安な気持ちをわかってあげることだと思いました。その時々の感情に振り回されず，余裕をもって向き合うこと，ありのままのSくんと向き合い，不安からくる問題行動を否定的に捉えないことが大切なのだとSくんから学びました。

　Sくんは，すぐに保育所の生活に慣れたかのように見えて，実は大きな不安を抱えていたのではないかと推察されます。2歳まで家庭で育ってきた子どもにとって，初めて家から離れて親以外の大人と日中を過ごすこと，集団生活を始めることは，非常に大きな変化です。また今までは自分だけに注がれていた大人の視線が，集団のなかに入ることによって，大勢のひとりとして見られることに対する抵抗もあったでしょう。これらの不安をまだことばで表現することのできないSくんは，"ごはんだけいっぱい食べたい"とか"寝たくない"という行動で表していたのだと思われます。

　もしこのエピソードのSくんが0歳児であったならば，このような問題行動は起こらなかったでしょう。0歳では，こうした新しい環境への不適応は，子ども自身のイメージとしては意識されないため，おそらく食事を食べる量が減るとか便秘になる，熱を出すといったような身体的不調として表れてくるものと思われます。これに対して，もしSくんが2歳児であったなら，新しい環境への不適応は，登園しぶりや「ほいくしょのお昼寝がヤダ」と家庭で言うなど，やはり違った表現がなされるでしょう。これは，子ども自身が自分の思いをイメージとして意識できるようになっており，またその思いを表現するためのことばの力がついてきているからです。しかし1歳児のSくんはこのどちらでもありませんでした。「〜デハナイ」という形でしか自分の思い（しかもこの場合は漠然とした不安）を意識することができないSくんは，自分の知っている安心できるもの・好きなものだけたくさん要求し，それ以外は「〜デハナイ」としてSくんなりの表現をしようとしていたのです。

　このように見ると，1歳児が出してくるその時々の具体的な要求というのは，実は付属的なものなのだということがわかります。「ヤダ」「ダメ」という強い

自己主張の根底にある子どもの願いは、もっと自分を発揮したい、もっと手応えのある自分を感じたいということなのではないでしょうか。「～デハナイ」というのは、"私・ぼくがほしいのは、こんな自分ではない"ということなのかもしれません。上のエピソードでも、"友だちと一緒だ"と感じるなかで食事ができたり、遊びなどの他の場面で楽しさが味わえるようになったことで、"ごはんだけ""昼寝しない"というＳくんの困った行動はなくなっていきました。1歳児の子どもを受け止めるとは、ことば通りの要求を受け止めることではなく、"こんな自分じゃないの！"と矛盾を感じ奮闘している子どもの姿を"ほほえましい努力"として見てあげることなのではないでしょうか。その上で、1歳児が思い切り自分を発揮できる環境を準備したいものです。

（2）子どもの思いと大人の思いがすれ違う時

　ごはんしか食べない、他の子どもをたたくなど困った行動をする子どもに対して、大人はなんとかしてその行動をやめさせたいと思うでしょう。また、食事や寝る時間を考えたらもう帰らなければいけない時に、子どもは「もっと遊びたい」とだだをこねたりします。そこで大人は「～したら…してあげるよ」とか「〇〇するんだったらもう××しないよ」などと交換条件を出したりして、あの手この手でなんとか言うことを聞かせようとします。生活者である親にとっては子どもの気持ちよりも生活をうまく回すことを優先したいのが本音かもしれません。ですから家庭では、1歳児の願いはうまくあしらわれてうやむやにされてしまうか、しかられて大泣きして結局受け入れられないということも多いでしょう。

　その一方で、「1歳のこの時期は、大人が子どもにしっかり向き合うことが大切だし、子どもが納得しないまま次に進むと違う場面で不満を出したりだだをこねたりするから、お父さん・お母さん、子どもの気持ちをしっかり受け止めてあげて」とも言われます。しかし1歳児の要求は無限ですから、真面目に子どもの気持ちの一つひとつに付き合っていたら、大人の方が疲れてしまうだけでなく、かえって生活がめちゃめちゃになってしまいます。子どもの気持ち

を無視するのでもなく，一生懸命付き合いすぎて疲れるのでもない，もっと"いい加減"な1歳児との付き合い方はないのでしょうか。

　それぞれの子ども，それぞれの親の事情がありますから，どの人にも万能な解決策はありませんが，1歳児と大人がうまく付き合うためのヒントは，この時期の子どもの発達的特徴を理解するところから生まれてくるように思います。❷で述べたように，1歳児の発達的特徴は，①自律移動運動の開始，②表象能力の芽ばえ，そして③他者と融即関係にありながら言語コミュニケーションが始まるということです。この3つの特徴を大胆に要約するならば，1歳児は，大人から離れようと自分の意志で動き始める最初の時期なのだと言えるでしょう。大人と一体化した融即関係から抜け出して，外へと自立の最初の一歩を踏み出そうとしているのです。そのような歩みを通して，他の誰でもない「自分」というものを子ども自身が感じ，また大人に対しても自分の足で立とうとしている私・ぼくを認めてほしいと願っているのです。

　ですから，一つひとつの子どもの要求に向き合うのではなく，"自立への一歩を踏み出そうとしているのだ"という目で子どもの行動を見ることが大切なのではないでしょうか。大人にも大人の思いがあります。「子どものためにと考えてやっていることなのに，子どもが言うことを聞かない……」と考えると腹が立ちますが，「どうでもいい小さなことにこだわって，全身で怒って抵抗して……大きくなろうとしているのだなぁ！」と思うと，それらのことがなんだか"ほほえましい努力"のように思えてきませんか。そうすると，困った行動と思っていた子どもの姿や，イライラの対象だった子どもの行動の背後にもまた，子どもなりの思いが見えてくるのではないでしょうか。子どもの思いと大人の思いがズレてぶつかり合うこともあるけれど，子どもも子どもなりにがんばっているのだと思うと，めちゃくちゃな子どもの姿が愛しく思えてきます。

　一方保育のなかでは，このような考え方に加えて環境づくりという視点が重要になってくるでしょう。保育者にも，課業を進めたり，食事の準備や後片付け，午睡をさせるなど，やるべき仕事がたくさんあります。特に若い保育者は，そのように予定通りに活動を進めるだけでいっぱいいっぱいになってしまうこ

第2章　きみに生まれてきてよかったね

とも多いかもしれません。しかし保育が，子どもが"豊かに"成長することを保障する場であるとするなら，1歳児が全身で表現しようとしているその「自分」というものも，また豊かに支え広げていく必要があるのではないでしょうか。そうだとすれば，それを可能にするような，保育者の人数と配置・連携などの職員体制，保育室の使い方の工夫，担当制や小集団体制などの環境づくりが検討されるべきでしょう。これは保育の専門性という側面からも重要な視点だと言えます。

（3）キャッチボールができる距離で

　1歳児は「ジブンデ！」と大人を拒否しながら，そんな自分を大人に受け止めてほしいと願います。そして大人に自分の思いを受け止められながら，少しずつ大人の助けを借りずに自ら生活に向かっていくようになります。1歳児は，自立しながら依存し，また依存しながら自立していこうとしているのです。

　キャッチボールを想像してください。2人の人間がぴったりくっついていたのではキャッチボールはできません。1歳児は，対等なひとりの人間として大人とキャッチボールができる距離をなんとかつくりだそうと，大人からちょっぴり離れ始めたところなのだと言えないでしょうか。相手のボールをしっかり受け止めて，相手が受け取ることができるようにボールを投げ返す……というところまではまだまだだけれど，キャッチボールをすることができる（可能性を秘めた）ひとりの人間として尊重してほしいと願い始めた1歳児。そんな1歳児の「思い」を，近すぎず離れすぎず，キャッチボールができる距離でしっかり受け止めてやりたいと思います。

📖 学びのガイド

●この時期の子どもたちについてもっと知りたいあなたへ

　1歳は，自立歩行が可能になるとともに，今，ここにないものをイメージとして捉える表象機能が発達し，それを基礎にして自我とことばが出てくることにより，子どもの姿が大きく変わる時期です。1歳の子どもを理解するキーワードとしては，「共同注意」「三項関係」「指さし」をあげることができます。これらの現象や行動を入り口にして，この時期の「表象」「自我」「ことば」の発達を学んでいくことができるでしょう。

　子どもの認識発達の転換点として1歳半頃に表象機能が発生してくるプロセスを押さえておくことは，この時期の子どもを理解しようとする時に重要です。表象機能の発生とそれ以降の広がりについてわかりやすく書かれている入門的な文献としては，**『資料でわかる認知発達心理学入門』**（加藤義信（編），ひとなる書房，2008年）がおすすめです。身体で直接に生きる世界から表象的・言語的世界がいかに立ち上がってくるのかについて深く考えてみたい方には，**『身体から表象へ』**（浜田寿美男，ミネルヴァ書房，2002年）がおもしろいかもしれません。やりとりのなかからことばが生まれてくるプロセスについて知るには，**『ことばの前のことば』**（やまだようこ，新曜社，1987年）がおすすめです。

　表象の発生とそれを基礎にした言語の発達は，ヒトという種に独自の特徴と考えられています。そのため1歳頃のヒトの子どもとチンパンジーなど他の類人猿とを比較することでヒトの特徴について明らかにしようとする研究もあります。これは比較行動発達学といわれる分野です。この分野から，わかりやすい文献としては，**『赤ちゃんの手とまなざし――ことばを生みだす進化の道すじ』**（竹下秀子，岩波書店，2001年）がよいでしょう。

　臨床的な観点からは，**『乳児の発達診断入門』**（田中昌人，大月書店，1985年）もよいかもしれません。1歳半頃に伸びてくる様々な力を獲得することに困難のある発達障害をもった子どもを視野に入れながら，この時期の発達の展開を論理的に捉えるのに適した書です。

第2章　きみに生まれてきてよかったね

●保育・子育てに活かしたいあなたへ

　育児の視点から1歳の時期を含めた乳幼児期の発達について知る文献としては，『**乳幼児を育てる――妊娠から小学校入学まで**』（内田伸子・岡村桂子，岩波書店，1995年）がおすすめです。また，『**はじめての子育て　育ちのきほん――0歳から6歳**』（神田英雄，ひとなる書房，2008年）は，発達的に子どもを見るということを親向けにわかりやすく伝える本として優れています。

　子どもの発達そのものからは少々離れますが，親にとって子育てとは何かを考える上では，『**母子密着と育児障害**』（田中喜美子，講談社，2004年）や『**世界一ぜいたくな子育て　欲張り世代の各国「母親」事情**』（長坂道子，光文社，2005年）もおもしろいでしょう。これらはいずれも母親の視点から書かれており，父親についての記述がほとんどない点が残念ですが，子育てが思い通りにいかなくなる1歳の時期だからこそ，親の立場について考えてみることは有益だと思われます。

　また1歳児の保育について詳しく知りたい時には，『**子どもと保育　改訂版　1歳児**』（秋葉英則・白石恵理子・杉山隆一（監修）大阪保育研究所（編），かもがわ出版，2011年）がよいでしょう。この時期の発達の特徴がまとめて書かれているのに加え，保育の内容と方法が細かく記述されているので明日からの保育づくりにすぐ使える1冊です。また，1歳児クラス特有の悩みにかみつき・ひっかきが多発するということがあります。このことに関する文献としては，『**「かみつき」をなくすために――保育をどう見直すか**』（西川由紀子・射場美恵子，かもがわ出版，2004年），『**「かみつき」をなくすために　Part2――おとなの仲間づくりを考える**』（西川由紀子，かもがわ出版，2009年）のシリーズがおすすめです。集団としての1歳児，クラスのなかの1歳児について考える上でも役立ちます。

Column　1歳から2歳へ　こんな姿が魅力的！こんな姿がおもしろい！

　1歳児の担任をすること3回目……。毎回1歳児の担任をするたび，子どもたちのイヤイヤに振り回され"これでいいのだろうか……"と頭をかかえ，子どもの言動に本気で腹を立て，そして涙が出るくらい笑って過ごしています。魔のイヤイヤ期と向き合う時期。新人保育者だった頃の私は，このイヤイヤにどのように向き合えばいいのかわからず，子どもは泣く……私はなんとかしようと悪戦苦闘……挙句の果てには，子どもの気持ちなんぞ知ったこっちゃなし。「先生，もう行くからねぇ」のひとこと。子どもは大泣き。私はチーン。そんなやりとりの繰り返しでした。

　こんな私も様々な年齢の保育を経験し，結婚・出産を経て，保育に対する見方や考え方が変わってきたように感じるこの頃。トンチンカンで泣き虫のわが子を見て，"こんなことできるわけないよねぇ～。まぁ～いいかっ！（いい意味でですよ！）"保育のなかでもそんな思いがもてるようになってきました。こう思えることでどれだけ気持ちが楽になったことでしょう。おかげで，今ではこんな大人げない担任でもママのように慕ってくれる1歳児の保育がどの年齢よりもおもしろいとまで思えるようになりました。そんな私の笑いの絶えない保育＆子育ての日々をちょっぴりご紹介したいと思います。

　イヤイヤマンが盛りだくさんの私のクラス。あっちでもこっちでも「いやだわぁ」「びぇぇぇぇん」と叫び声が絶えません。私「オシッコ行くよ～」，子どもは知ら～ん顔。私「オシッコ行っておやつだよ」子ども「いやだぁ」。今日も意地の張り合いの開始です。その横では，トイレに行くだけなのになぜかすっぽんぽんの男の子。それを見て服を脱ごうとする女の子。ちょっと待ってぇぇ……（汗）。まだ9時半なのにすでに大騒ぎ！　クラス11人全員が朝のおやつを食べるに至るまでに，こんなにも格闘があります。

　そんなことにもくじけず主活動のお散歩へ。「お友だちとおててつなごうね」の声掛けに返ってくる言葉は「○△□※×……」「？」何語なのでしょうか。"嫌なのはわかったから手をつなごうよ"と心の叫びを押し殺しながら，ん……「先生も一緒につなぐから○○ちゃんともつなごうね」。なんとか出発できたものの，「てんてぃ（先生）」と呼ぶ声が。今度は靴が脱げています。「……」。そこで活躍するのが，しっかり者の女の子。靴を履かせてあげながら靴が脱げて泣いている子に向かって「なんでなくの？」とひとこと。思わず大爆笑。でも，どこかで聞いたことのあるセリフ。そんなことを考えている場合ではありません……。子どもたちと手を離せば，道の真ん中だろうとお構いなく散らばっていってしまい

Column　1歳から2歳へ

ます。私が他の子どもを見守り、もう1人の担任が脱げた靴を履かせ、再度出発。やっとの思いで着いた電車道。さんざん怒って泣いてわめいていた子どもたちも電車が来ると「でんしゃだ～！　バイバイ～！！」とちぎれそうな勢いで両手を振っています。その単純さがたまらなくかわいくて、そこに行き着くまでの大騒ぎを忘れてしまう子どもたち以上に単純な私なのです。電車の運転手さんが手を振っていることに気づき汽笛を鳴らしてくれた時には、「やった！」と子どもと大騒ぎ。こんな楽しい時間もつかの間……。保育園に戻らなければなりません。

　帰りにももちろん、行きと同じような出来事が行きの倍だけ起こります。なんとか帰園できたと思うと、今度は疲れてそのままお昼寝に突入してしまう子もいます。さっきまで怒っていたかと思うともう寝ている……。なんて幸せなことでしょう。その隣で、友だちにちょっかいをかけ仕返しをされ泣いている子が……。その子を見て「なんで泣くの？」と声をかける私。あっっっ！！！　覚えたことをなんでも口にしてしまう1歳児。さっきの言葉は私が言っていた言葉と気づき、"発言には気をつけなくては"と一人失笑してしまう私なのです。

　保育に一生懸命になりすぎるあまり家に帰ればヘロヘロ。園児のことはあんなに寛大に見守り待つことができるのに、我が子には冷たいこと……。「はやく～！」そんな言葉ばかりを言っては、食後は睡魔に襲われ「ねむいの？」と我が子に心配される始末。目をこすり「大丈夫だよ」と、我が子が保育園で覚えてきた手遊びや歌に付き合っています。手遊びや歌を聞いていると保育者魂が燃え、一緒にはしゃいでしまう単純な私。完全に我が子の保育・育児は保育園頼み。情けない限りです。「ごめんね……」と我が子の寝顔を見ながら思い一緒に横になっているうちに、いつの間にか就寝。そしてまた朝を迎え、私「保育園いくよ～！　いそげぇぇぇ」、我が子「せんせい?!　やった～！」と慌ただしくも楽しい1日が始まっていくのです。今日こそ穏やかに過ごそうと願いながら……。

（西尾理咲子：愛知・平田保育園）

第3章

ボクはボクである　でもけっこうテキトウ
2歳児の世界をさぐる

楽しいから一緒！　一緒だから楽しい！

第3章　ボクはボクである　でもけっこうテキトウ

Introduction

　本章では，1歳半から3歳の時期の発達と保育について述べます。この時期の子どもの特徴は，2つあります。

　1つ目の特徴は，自分を意識し始め，その自分を強く主張するところです。この時期の子どもは，ことばや身体全体で自分を主張します。「ボクはボクである」「ワタシはワタシである」とでも言いたげなように見えます。ただし，すべてのことを自分でできるわけではありません。保育者や親の援助が必要な場面も多々あります。援助が必要であるにもかかわらず，自分でやりたがるという矛盾が，結果として「第一反抗期」と呼ばれるような強い自己主張を示すことにつながります。

　ただし，もう1つ大事な特徴があります。テキトウな面です。ここで言うテキトウとは，自分の思いを出す面が強いものの，それが持続せず，すぐに移り変わってしまうという意味です。たとえば，「この遊びがしたい！」と主張していたわりには，少し時間がたつと，違う活動に興味が移るなど，本人のもっている思いやつもりやイメージが，変化することがよくあります。「え？　さっき言ってたことは，もういいの？」と子どものテキトウさにふりまわされることも多いのですが，そこにこそ，この時期の素敵な世界が隠されています。

　自我を強く押し出しつつも，テキトウに変化していく，そんな1歳半から3歳の子どもたちの魅力に迫っていきます。

① 2歳児とはどんな時期？：おそろしいけれど素敵

(1) terrible twos：おそろしい2歳児

　発達心理学では，2歳児を「おそろしい2歳児」「魔の2歳児」と呼ぶことがあります。英語では terrible twos と呼ばれます。もちろん，ここでのおそろしいとは，狂暴になるという意味ではありません。大人の指示に従わないことが増え，どうにも手がつけられないという意味でおそろしい（terrible）と呼ばれます。このおそろしさは，普段の生活のなかでしばしば見られます。

【エピソード3-1　「イヤ」を連発する2歳児】
　ある保育所での午前中のことです。自由遊びの時間，2歳児たちが，思い思いに遊んでいます。部屋のなかで積み木をしている子どももいれば，砂場で熱心に何かをつくっている子どももいます。ベランダでままごとをしている子どももいます。
　さて，給食の時間になりました。先生が，園庭にいる子どもたちに向かって，「ご飯やから，お部屋に入りや〜」と声をかけます。すぐにお部屋に入ってくる子どももいます。おもちゃを片づけ始める子どももいます。しかし，なかなか部屋に入らず遊びつづける子どももいます。ひかる君もその1人でした。先生の「入りや〜」という声かけに対して，先生に背を向けたまま，そして，砂をこね続けながら「イヤ！」と叫びます。これまでも，このようなやりとりがあっただろうと思わせるほどの手際のよさです。実際，先生とひかる君との間には，毎日のように，このようなやりとりが交わされていました。本当にご飯を食べたくないとか，もっと遊びたいというよりも，とにかく「イヤ」と言わなければならない使命をもっているのではと思わされるほどでした。ただ，彼の使命は先生の強硬手段によりもろくも崩れ，強制的にお部屋に入れられることになります。
　しかし，ここで話は終わりません。次に先生とひかる君が直面するのは着替えです。ひかる君は服をかなり汚しているので，着替えなければいけません。先生は，「着替えないとご飯にお砂がついちゃうよね」など説得を試みます。しかし，ここでも「イヤ！」のひかる君。さらには，大泣きし，床に寝ころび，身体をねじって，服を脱ぐことを拒否します。最後は，先生が強引に着替えさせました。もちろん先生も無理に部屋に入れたり，着替えさせたりしたいわけではありません。いろいろ手をつくした末に，万策尽きる形で，先生が半ば強制的に着替えをさせているのです。

　ひかる君が示す自己主張の強さは，少し極端に思われたかもしれません。しかし，ある保育研究会で，2歳児を担当していた先生が，「うちのクラスの子ども，『イヤイヤ王子』が多いわぁ」と発言されていたように，ひかる君のような傾向をもつ子どもが，この2歳という時期に増えてきます。
　2歳児の「やりにくさ」は，保育・子育てにおいてだけでなく，発達研究においても影響が見られます。端的に言えば，2歳台の発達研究が少ないのです。

2歳までの子どもであれば,関係ができさえすれば,比較的素直に課題に向かってくれます。また,3歳も半ばを過ぎるようになると「恥ずかしいけど,がんばらないと」という気持ちで課題に向かうようになります。しかし,2歳台の子どもは,「イヤ」という気持ちが強いために,課題に参加しないことがよくあります。私自身も2歳児を対象に個別研究をすすめる時が一番苦労しました。「今から先生とお勉強しよう」と個室で課題をするように誘っても「イヤ」の一点張りの子どもが多く,なかなか同意をとることができません。なんとか1人の同意をとりつけると,それまで拒否していた子どもたちが,「〇〇ちゃんも行く〜」と言ってみんなが来ようとします。他の研究者も多かれ少なかれ,私と似たような経験をもっているようです。◁1

このような事情もあり,2歳児を対象にした研究が少なく,2歳児の発達についてはまだよくわかっていないことが多いのです。

乳幼児期の発達に関する研究領域を振り返れば,この事実がよくわかります。9,10ヵ月頃を中心とした乳児期は,三項関係(triadic interaction)や共同注意(joint attention)などコミュニケーションに注目した研究が多く行われています(本書第1章 p. 56. 参照)。1歳台は,客観的に自分を意識し始めることとも関連して,自己認知(self recognition)など自己に関する研究が多く見られます。4歳頃には,「心の理論(theory of mind)」と呼ばれるような,自他の心の理解に関する研究が多く行われています。◁2 ところが,2歳台に関しては,2歳の発達を特徴づけるキーワードがありません。このように2歳台の研究の少なさをさして,暗闇の年齢(dark age)と言われることがあります。◁3

▷1 同様の指摘に,木下孝司(2011).ゆれ動く2歳児の心.木下孝司・加用文男・加藤義信(編著)子どもの心的世界のゆらぎと発達.ミネルヴァ書房. pp. 37-63. や,大神田麻子(2012).子どもが「うん」と言ってしまう不思議.清水由紀・林創(編著)他者とかかわる心の発達心理学——子どもの社会性はどのように育つか.金子書房. pp. 167-181. があげられる.

▷2 子安増生(2000).心の理論——心を読む心の科学.岩波書店.

▷3 Meltzoff, A. N., Gopnik, A., & Repacholi, B. M. (1999). Toddlers' understanding of intentions, desires, and emotions : Explorations of dark ages. In P. D. Zelazo, J. W. Astington, & D. R. Olson (Eds.) *Developing theories of intention : Social understanding and self-control*. Mahwah, NJ : Lawrence Erlbaum Associates. pp. 17-41.

(2) terrific twos：意味を動かす素敵な2歳児

　「おそろしい」や「魔の」などという言葉を使ったため，2歳児にネガティブなイメージをもたれたかもしれません。ですが，2歳児は決しておそろしいわけではありません。おそろしいという言葉を使っているのは，大人の側です。子ども自体がおそろしいわけではありません。視点を変えてみれば，2歳ならではの素敵（terrific）な姿はたくさんあります。その素敵な側面の1つに，いろんなものに意味をつけたり，そのつけた意味を動かすことができる点があげられます。その意味のつけかたや，動かし方が，本章のタイトルにもあるように，けっこうテキトウなのです。

　意味をつけたり，意味を動かすテキトウさというのは，どういうことでしょうか。この時期の描画にその内実を見ることができます。

①モノに意味をつけることができる

　図3-1は，2歳3ヵ月の女児が描いた自由画です。一見すると，同じようなマルや線を描いているだけのように見えます。しかし，絵が描かれた時のつぶやきに注目すると，2歳児の素敵な一面が見えてきます。この絵を描いたともちゃんは，マルを描きながら，「ドングリ」「フクロウサン」「アヒル」など実に様々な意味をつけていきます。目に見えない「オバケ」と命名したり，「トモチャンがないてる。ママがイイヨってないてるの」などお話に発展する兆しも見られます。描いたマルに次々と様々な意味をつけていくことをマルのファンファーレと呼びます。

　1歳半までの子どもであれば，マルを描けたとしても，そのマルに多様な意味をつけていくことは困難です。意味をつけたとしても，マル＝ママといった固定化された意味づけに限定されます。1歳半までの子どもはマルを描くことそのものが楽しさの中心となります。

②意味を動かすことができる

　2歳になると，絵に対してつけていた意味を次々と変化させることができるようになります。図3-2は，2歳6ヵ月の子どもが大人（観察者）とお話しながら絵を描く様子を分析した資料です。大人とお話をしていくなかで，1つ

第3章　ボクはボクである　でもけっこうテキトウ

図3-1　2歳3ヵ月の女児が描いたマルのファンファーレ

の絵の意味が変わっていく様子がわかります。はじめはマルを「すいかちゃん」と命名していたのですが，突然，「えーんえーんて，泣いてんねん」と話し始めます。そこで観察者が理由を尋ねると，これまた突然，マルに帽子と命名します。さらに最後にはなぜかマルはお弁当に意味づけられます。しかも，最後の「これはね，お弁当」という発言から推測すると，帽子だったマルがお弁当に変わったことに，子どもは矛盾を感じていないようです。このように1つのマルの意味を様々に変えることでき，そこに矛盾を感じないのは，2歳ならではの特徴です。

　2歳児というのは，自由に意味をつくり，またその意味を矛盾を感じること

▷4　藤野友紀（2000）．2歳児の描画における形と命名の生成過程．京都大学大学院教育学研究科紀要，**46**，399-411．

プロセス説明	(絵の展開)	(A児の発話)	(観察者の発話)
① それぞれの形への命名	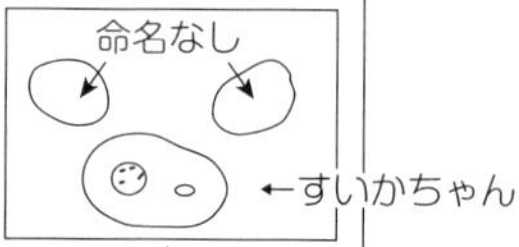 命名なし / ←すいかちゃん		
② 対象の状況の説明	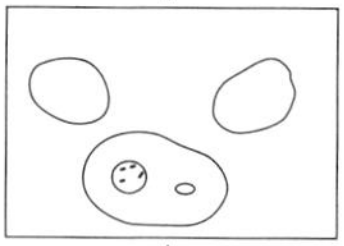	えーんえーんて、泣いてんねん	なんで泣いてんの？
③ 形と形の関係づけ	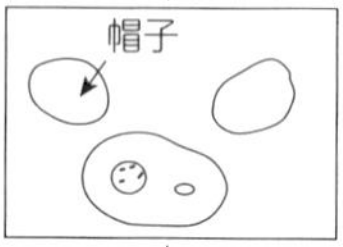 帽子	帽子取れたん、帽子、ここにあったの	帽子ここにあったの取れたん？それで、泣いてんの？
④ 形と形の関係づけ	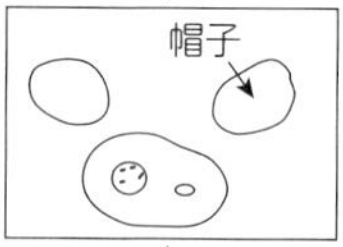 帽子	うん、これが帽子	これは？
⑤ 形と形の関係づけ	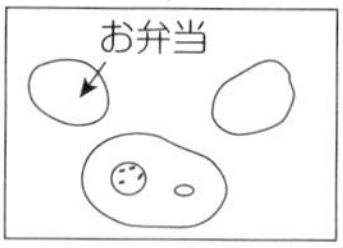 お弁当	これはね、お弁当	

図3-2　2歳6ヵ月児による絵の命名プロセス

出所：藤野（2000）．404．より一部修正．

なくテキトウに変化させるところに特徴があると言えます。

　ここまで、「第一反抗期」とも呼ばれ、自己主張が強くなるおそろしい（terrible）面と、モノにいろんな意味をつけ、その意味を動かせる素敵（terrific）な面とが同居する2歳児の世界を簡単に見てきました。

　ここからは、最初に、terribleな姿がどのように立ち上がってくるのかについて、1歳半から3歳までの自我の発達に注目しながら説明します。次に、terrificな特徴がどのように見られるのかについて、表象の発達に注目しながら説明します。

第3章 ボクはボクである でもけっこうテキトウ

② 2歳児の発達を知る

(1) terrible の背景にある自我の発達

　エピソード3-1に登場したひかる君は，なぜこれほどまでに「イヤ」を連発し，terrible とも表現される姿を見せたのでしょうか。1つには，序章で指摘されているように，社会的・文化的な背景が関与していることが考えられます。たとえば，地域で異年齢集団が構成されることが少なくなり，大人の視線が過剰に2，3歳の行動にそそがれるようになったために，大人と子どもがぶつかりあうことが増加し，結果として子どもが「イヤ」と言う姿が増えたのかもしれません。

　ただ，このような社会的・文化的背景を考慮したとしても，「なぜ2，3歳なのか？」という問いは残ったままです。2，3歳の子どもが有するある特定の能力が，社会的・文化的な背景をきっかけとして，terrible さを引き起こすのでしょう。その特定の能力は自我の発達にあると考えられます。なぜなら，ワロンが指摘しているように，「イヤ」と反抗する背景には，自分を主張したいという思いがあるからです。

　もちろん，自我の発達といっても，様々な側面があります。そこで，特に terrible に関連する自我の諸側面について触れていきます。次のエピソードから始めることとしましょう。

【エピソード3-2　救世主だったのに……】
　自由遊びの時間に，園庭に出てなつみちゃん（1歳11ヵ月）たちと遊んでいた時のことです。園庭にはすべり台があって，1歳児クラスの子どもたちが，次々と滑っていました。一部の子どもは慣れたもので，すいすいと滑って行きます。なつみちゃんも，みんなにつられるように，すべり台に登りました。しかし，登りきったところで，怖くなったのか滑ることができず，立ち往生してしまいました。
　その時，なつみちゃんは，滑り台の下にいる筆者を見つけ，「ちぇんちぇ〜」

と言いながら困ったように手を差し出してきます。筆者は，すぐさま滑り台にあがり，膝のうえになつみちゃんを乗せて滑ります。王女を助ける救世主になったようで，私としてはまんざらでもありません。なつみちゃんは，大喜びで「もっかい！」と必死にひとさし指をたてて主張します。何度も何度も一緒に滑ります。

ところが，その後，事態が急変します。先程と同じように，なつみちゃんと一緒に滑ろうとすると，「イヤ！」と言って私を拒否するのです。筆者が「なぜ？」と思う間もなく，1人で登り始め，滑ります。大満足な様子です。筆者としては，うれしい反面，寂しくもあり複雑な気持ちになります。

さらに事件は続きます。なつみちゃんが突然，筆者を見て滑り台を指さし，「ちぇんちぇ」と言い出しました。筆者は「え？」と思いつつ「どうしたの？」と聞きました。すると，なつみちゃんは，「なんでわからないの！」とイライラしたような様子で，滑り台を指さしながら「ちぇんちぇ」と繰り返します。どうも「先生が1人で滑りなさい」と指示しているようです。なつみちゃんが見守るなか，私は1人寂しく滑ります。すると，なつみちゃんは，パチパチと拍手します。「上手上手」と言ってくれている様子。筆者を励まして大満足のなつみちゃんでした。ついさっきまで救世主だった筆者は，いつの間にか，子どもの指示に従い，励まされる存在になってしまいました……。

このエピソードは，1歳後半の自我の発達を理解する上で，示唆に富みます。エピソードの時系列に沿いながら3点指摘します。

1つ目は，不安な時に，他者を求める行動です。最初，なつみちゃんは滑るのを不安に思い，私に助けを求めました。このような困った場面で，身振りや言葉で，他者に援助を求める行動は，乳児期後半の「要求の指さし」に原型を見ることができます。

2つ目は，他者に援助されることを拒否し，「自分でやりたい！」という自我の働きです。この「わたし」の働きのことを発達研究では，「行為主体としての自我」と呼ぶことがあります。行為主体としての自我とは，「自分の行為

▷5 　行為主体としての自我について詳しくは，木下孝司（1998）．幼児が「心」に気づくとき．丸野俊一・子安増生（編）子どもが「こころ」に気づくとき．ミネルヴァ書房．pp. 33-55. を参照．

は自分で決めたい・自分でしたい」という自己主張の思いが強くなることを指します。

3つ目は，他者を導こうとする自我の働きです。このエピソードにもあるように，「自分でやりたい」という気持ちだけでなく，相手ができるように指示したり，相手ができると拍手をして励まそうとしたりする気持ちが芽ばえてきます。このような他者を導こうとする自我も，2歳を語るうえでは，重要な側面となります。そこで，ここからは，自己主張に関係のある，2つ目の「行為主体としての自我」，3つ目の「他者を導く自我」に注目します。

①行為主体としての自我：自分で決めたい・自分でしたい

自分の行為は自分で決めたい，自分でしたいという思いは，1歳半頃までは，それほど明確ではありません。そもそも「わたし」という自己意識が希薄であり，同様に「他者」という意識が希薄であるため，「他者からさせられているわたし」という感覚が弱いからです。それが，1歳半を超えるようになってくると，エピソード3-2のように，自分のことは自分でしたいという行為主体としての自我が出てくるようになります。

行為主体としての自我の例として，自分ができたことを自ら喜ぶ達成反応があります。1歳後半から，積み木を積み上げた時，子どもは「ジブンデできた」というような笑顔を示し，達成感を見せることが明らかにされています[6]（写真3-1：3歳0ヵ月）。この事実は，自分の行為を自覚し，かつ「できる・できない」を意識し始めていることを示しています。

さらに自分の行為に言及するようにもなります。2歳を過ぎると，子どもは，イスに登る時に「ノボルノ」と言ったり，お茶を飲む時に「オチャ，ノムノ」と言うなど，自分の行為を言語化します[7]。行為だけでなく，自分の感情についても言語化できるようになります。エピソード3-2に登場したなつみちゃん

▷6　Bullock, M., & Lutkenhaus, P. (1990). Who am I?: Self-understanding in toddlers. *Merrill-Palmer Quarterly*, **36**, 217-238.

▷7　Kagan, J. (1982). The emergence of self. *Journal of Child Psychology and Psychiatry*, **23**, 363-381.

写真3-1　お芋をとったよ！

が、みんなとお散歩に行った時のことです。道路の側溝を先生と手をつないで飛び越える時がありました。その時、なつみちゃんは「こわい〜」と発言しました。この発言は、自己の行為や心をわがものとして意識化できることの証拠として考えられます。

②他者を導く自我：知らせる・教える

行為主体としての自我について、多くの研究で言及されてきました。重要な自我の特徴の1つだからです。しかし、自我にはもう1つの重要な側面があります。それは、他者を導く「わたし」の発達です。3-2のエピソードで言えば、他者に指示したり、他者を励ますように見られた最終局面でのなつみちゃんの姿です。

1歳や2歳の子どもが他者を導くとは大げさな……と思われるかもしれません。しかし、最近の発達研究は、1歳、2歳の子どもが、原初的ではあるものの、他者に知らせたり、教えたり、励ましたりする姿が見られることを明らかにしつつあります。

たとえば、他者に自分の気持ちを知らせる行為を取り上げましょう。知らせることの原型はすでに生後9、10ヵ月頃から見られます。この時期の赤ちゃんは、ワンワンを見ると、ワンワンを指さすようになります。ただし、指さすだけではありません。その後、すぐに写真3-2（1歳3ヵ月）のように大人を見

ます。これは，叙述の指さし（declarative pointing）と呼ばれています。

さらに，1歳を過ぎる頃から，このような知らせる行為に発達的な変化が見られます。自分の気持ちを他者に知らせるだけでなく，他者のために知らせるようになります。12ヵ月児・18ヵ月児を対象に行われた実験がこの発達的変化を取り出しています。[8]大人（実験者）と子どもが一緒に部屋に入り，対面します。その際，大人はかぶっていた帽子を自分の背後に置きます。そして，いくつかの課題を実施した後，

写真3-2　叙述の指さし

部屋を出ようとします。その際，大人は，帽子が見つからないふりをしてあわてた様子を見せます。子どもにとっては，帽子は自分の視野にあるわけですからすぐにわかります。このような状況をつくり出すと，子どもは大人に「ほら！　あそこにあるよ！」と言わんばかりに大人を見ながら指さしを行いました。

このような指さしは，情報提供の指さし（informative pointing）と呼ばれ，従来指摘されてきた指さしとはその質が異なります。これまでは，指さしには大きく2つの種類があると指摘されてきました。1つは，原叙述の指さし（declarative pointing）です。もう1つは原命令の指さし（imperative pointing）です。前者は，他者と何かを共有するような指さしです。そのため，共有の指さしや共感の指さしと呼ばれることもあります。後者は，お菓子がほしいといったように，他者に何かを要求するような指さしです。そのため，要求の指さし

▷ 8　Lizskowski, U., Carpenter, M., Striano, T., & Tomasello, M. (2006). 12- and 18-month-olds point to provide information for others. *Journal of Cognition and Development*, **7**, 173-187.

図3-3　赤木（2004）で用いられた，はめ板

や命令の指さしと呼ばれることもあります。

　一方，情報提供の指さしは，このいずれとも意味が異なります。大人と何かを共有しようとしているわけでもなく，要求しようとしているわけでもありません。「ほら，おっちゃん知らんの。あそこにあるでしょ」と言わんばかりの指さしです。自分は知っているけど，相手は知らない，そんな知識の溝を埋めるために，相手に情報を提供する指さしです。知らせる指さしと言ってもよいでしょう。

　さらに，知らせる行為とは別の角度から，他者を導く行為について検討した研究があります。「教える」行為に注目した研究です。次のような手続きで，1歳児が教えることができるかが調べられました[9]。大人（実験者）が子どもと対面し，図3-3のようなはめ板を用いる実験的な課題でした。はめ板は，通常は，子どもに対して実施される道具です。しかし，ここでは，大人がはめ板を用いた課題に取り組みました。1歳児の目の前で，大人が「先生がやるから見ててね」と言って，円板を四角孔に入れようとしますが，入らない様子を提示します。大人はなんとか四角の孔に入れようとしながら「あれ？　入らな

▷9　赤木和重（2004）．1歳児は教えることができるか――他者の問題解決困難場面における積極的教示行為の生起．発達心理学研究，**15**，366-375．

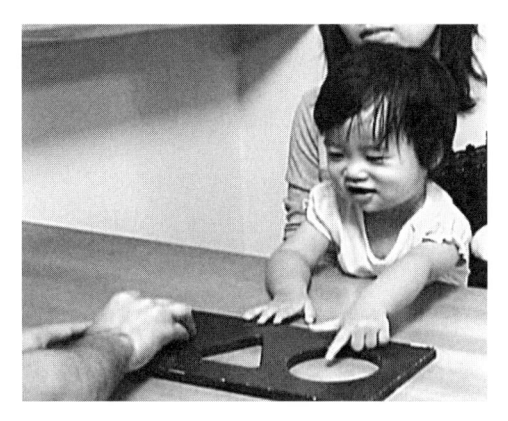

写真3-3 正解を教える子ども

い」とつぶやきます。このような状況のなかで，1歳児がどのように行動するのかが調べられました。

　その結果，2歳にかけて子どもの様子が変化することがわかりました。1歳9ヵ月までの子どもは，そのほとんどが，自分で円板をはめました。しかし，2歳が近づくにつれ，子どもたちは，自分で円板を操作するのではなく，大人に教えるような姿を見せるようになりました（写真3-3：2歳0ヵ月）。

　エピソード3-2に登場したなつみちゃんも，この課題に参加してくれていました。なつみちゃんは，困っている私を見てすぐさま，首を横に振りながら「ちゃう（違う），ちゃう（違う）」と訂正します。そして，そのまま，私を見ながら「こっち」と円孔を指さしました。

　なつみちゃんの行為は，次の理由で，教える行為と判断できます。1つは，彼女は正解を知っているということです。四角孔ではなく円孔に入れるということを子どもは理解しています。それは，円孔を指さししていることや，「ちゃう」と言っていることからも明らかです。もう1つは，行為主体が他者にあることを理解しているということです。行為主体が自分ではなく他者であることを理解しているからこそ，自分が手を出していないと言えます。また，他者を見ながら円孔を指さしていることからもわかります。以上より，他者を見ながら正解を伝えることによって，他者の知識を向上させる，すなわち教えるこ

写真3-4　自分より幼い子どもを導く子ども

とができると言えます。

　「情報を提供する」「教える」といった他者を導くような行為は，私たち大人から見ればありふれた行為です（写真3-4：2歳5ヵ月）。しかし，ヒト以外の動物まで含めて考えると，このような行為が実は，きわめてヒトに特有な行為であることがわかります[10]。ヒトにもっとも進化的に近い動物は，チンパンジーです[11]。チンパンジーは，ヒトに肩を並べるような能力をもっており，1から10までの数を数えることが可能です。また，敵を意図的にだますこともできますし，相手を助けるような社会性の高さも報告されています。しかし，教える行為の存在については，現時点では確認されていません[12]。

③他者との関わりのなかで「ボクはボクである」が確かなものになっていく

　1歳半から3歳までの自我の特徴には，「行為主体としての自我」と「他者を導く自我」があると述べてきました。では，この2つが，なぜ，強い自己主張や反抗につながるのでしょうか。

▷10　この点について詳しくは，赤木和重（2012）．教える行動の発達と障害．清水由紀・林創（編著）他者とかかわる心の発達心理学――子どもの社会性はどのように育つか．金子書房．pp. 147-164. を参照．

▷11　松沢哲郎（2002）．進化の隣人――ヒトとチンパンジー．岩波書店．

▷12　Hirata, S., & Celli, M. L. (2003). Role of mothers in the acquisition of tool-use behaviors by captive chimpanzees. *Animal Cognition*, **6**, 235-244.

その大きな理由は，この時期の子どもが，他者への主張や反抗という「否定形」を通して，自分の存在を確かめるという特徴を有しているからです。青年のように，1人で内省しながら自分の存在を確かめることは，この時期の子どもにとっては難しいことです。また，5，6歳児のように，自分の成長を実感しながら自分の存在を確認することも困難です。「行為主体としての自我」は，誕生してから，親や保育者と心理的に一体化していた関係から別れてくる形で芽ばえます。そのため，自分の思いが出てくるといっても，その自我は，それほど強固なものではありません。他者からの要求に反発する形でより明確なものとして立ち上がってきます。

　このように考えれば，エピソード3-1のひかる君の反射的とも言える「イヤ！」の意味が見えてきます。大人の指示の内容自体がイヤなのではなく，自分の意思をもった行為を制限されることがイヤだったのでしょう。そして，結果として，反抗することで，自分の存在を強いものにしているのです。

　「他者を導く自我」についても，同じ意味がこめられています。この自我ではその名の通り，自分が知らせたり，教えたりする行為を通してはじめて自分を確認することができます。ですので，大人から指示されることは，芽ばえてきた自我とは正反対の人間関係の構造に置かれてしまいます。「今からご飯です」と言われると，ご飯を食べたいかどうかではなく，その指示される構造自体を崩そうとして，拒否や反抗が出てくるのです。

（2）terrificを可能にする表象の発達

　この時期の子どもは「ボクはボクである」と自我を主張する一方，テキトウな側面も見せます。それをここではポジティブにとってterrific（素敵）な面であると考えます。そして，そのテキトウさを特徴づけているのが，表象の発達です。表象は1歳半を過ぎるようになる頃から，飛躍的に発達するとされてい

▷13　白石正久（1994）．発達の扉（上）．かもがわ出版．
▷14　神田英雄（2004）．伝わる心がめばえるころ――二歳児の世界．かもがわ出版．

ます。発達心理学では，表象（representation）のことを，象徴（symbol）機能とも言います。表象とは，見たものや知ったものを，心のなかで表すことです。象徴とは，あるものを，それとは異なるもので代表させることを指します。表象と象徴は，ニュアンスは多少異なりますが，いずれも，見ているものとは違うものや，見えていないものをイメージするという点で共通しています。そこで，本章では，表象という用語で統一します。

　1歳半から3歳頃の表象が，日常生活のなかで，どのように見られるのかについて，そのちゃん（2歳の女の子）が登場する育児漫画を借りて説明しましょう。◁15

【エピソード3-3　夜泣きとホットケーキ】
　お父さん（漫画の作者）と，娘のそのちゃんは，2人だけで寝ています。お母さんはいません。お母さんは，出産のために入院しているからです。そのちゃんは，お母さんと離れて寝るのが不安だったのでしょう。途中で目が覚めてしまい，お母さんを思い出して泣き始めます。一方，お父さんも大変です。そのちゃんが寝ている間に，遅れている仕事を夜中にやっつけようとしていたからです。しかし，そのちゃんが起きてしまったために，お父さんは締め切りに間に合いそうにありません。
　父娘ともに，お互いの事情を抱え，追い詰められている状況が描かれます。そのギリギリが限界までこようとした瞬間，そのちゃんは天井についている電灯を見つけ，「ホットケーキ」とポツリつぶやきます。その言葉を聞いて，お父さんは，張りつめていた気持ちがふっと緩み，「お母さんがいなくて寂しいんだよなぁ」と娘の気持ちに共感していきます。

親子ともにギリギリの状況のなかで，子どもの予想外の一言により，場が和むほほえましいエピソードです。ただ，それだけでなく，表象の発達という点から考えても興味深く読むことができます。それは，そのちゃんにとっては，電灯がホットケーキに見えたという事実です。よくよく考えてみるとすごいこ

▷15　阿部潤（2009）．はじめて赤ちゃん　ふたりめ編．秋田書店．pp. 46-47.

写真3-5　土をご飯に見立てる

とです。ホットケーキは、「今、ここ」にはなく、電灯しか見ることができません。にもかかわらず、そのちゃんは「今、ここ」にないホットケーキをイメージできるのです。このように、Aを、Aとは違うBでイメージできることが、表象の発達の特徴です。「今、ここ」で見えている世界で生きていた子どもは、1歳半を境に「今、ここ」を超えて、違うものをイメージできるようになります。想像する基礎となる力であり、発達の大きな節目となります。

「今、ここ」を超えた表象の発達が進むと、遊びや生活のなかでも様々な変化が見られるようになります。その代表的なものが、見立て遊びやごっこ遊びです。発達心理学のテキストでは、おもちゃのバナナを電話機に見立てて遊ぶという姿や、赤い積み木をリンゴに見立てて遊ぶ、土をご飯に見立てて遊ぶ姿などがよく紹介されます（写真3-5：1歳児クラス）。

ただ、日常生活では、このような例以上の多様な姿が見られます。特に2歳を過ぎるようになると、シンプルな見立て遊びだけでなく、様々な方向性で表象の世界が広がり、子どもの世界が豊かになっていきます。

そこで、ここからは、表象の広がりを3つに分けて説明します。1つは、イメージできる量が増加することです。「のびるイメージ」とします。2つは、物事を関係づけたり比べたりしてイメージできるようになることです。「関係づけるイメージ」としておきましょう。3つは、具体的な対象がなくてもイ

メージをもって遊べるようになります。「無のイメージ」としましょう。

①のびるイメージ：表象の量的増大

1歳後半に生まれた表象能力は2歳を過ぎると量的な増加を示し始めます。新版Ｋ式発達検査という発達検査のなかに，「記憶板」という検査項目があります。図3-4のようなめくることのできる白板がついた緑板があります。9枚のめくり板のうち，3枚だけに，後ろに「花」「靴」「魚」の絵柄があり，あとの6枚には何も絵柄がありません。

図3-4　記憶板

検査場面では，すべての白板を閉じた状態で，子どもに記憶板を提示します。すると，ほとんどの子どもは，興味津々で白板をめくり，絵柄を発見して喜びます。一通り遊んだ後，検査者が「お花はどこかな？」「靴はどこかな？」と尋ねます。2歳を過ぎるとほとんどの子どもが，どこにあるかを覚えており答えることができます。この事実だけでも，そばにいるお母さんは驚かれます。しかし，お母さんが一番驚かれるのは，この記憶板をしまったあと，およそ15分後に，再び記憶板を子どもの前に提示して，「お花はどこかな？」と尋ねた時です。2歳から2歳3ヵ月のおよそ半数の子どもが，正しく花や靴，魚が描かれている白板をめくることができます。2歳前半の子どもは過去のことを多く話すことができません。しかし，この記憶板の課題のように，言葉を介さないで子どものイメージを尋ねるように工夫すると，私たちが思っている以上に，少し前の過去をイメージすることができます。このようなイメージの広がりは，当然，遊びや生活の場面に変化をもたらします。

第3章　ボクはボクである　でもけっこうテキトウ

【エピソード3-4　「今，ここ」を超えたメロンパン屋さん】

　お父さんが，保育所にちなつちゃん（2歳5ヵ月）を迎えに行った時のことです。ちなつちゃんを迎えに行き，車で帰る途中に事件は起こりました。最近，ちなつちゃんは，家と保育所の途中に止まっている移動販売のメロンパン屋さんに夢中です。たまにお父さんにメロンパンを買ってもらえるからです。しかし，移動販売のため，いつも止まっているとは限りません。

　ちなつちゃんは，お迎えの車に乗り込むとすぐに「メロンパン屋しゃん，きてるかなー」と独り言のようにつぶやきました。その言葉に対し，お父さんは，深く考えずに「メロンパン屋さん，見たよ」と返します。すると，「え！」とちなつちゃんの目の色が変わりました。お父さんは，「あぁ，しまった……メロンパン屋さんが，まだ止まっているなら『パン買って』と，言うような。でも，もしメロンパン屋さんがいなかったら，がっかりしすぎて大泣きするかも……」と今になって，自ら困った事態を引き起こしたことに気づきます。

　あわてて「もういないかもしれないよ」と付け加えるものの，時すでに遅し。車のなかでずっと，ちなつちゃんは「いるかな……」と連呼しています。頭のなかはメロンパン屋さんで占められている様子。

　そして，メロンパン屋さんがいるであろう広場の近くに近づきます。ちなつちゃんは，シートから身を投げ出さんばかりに，窓の外をうかがっています。そして，メロンパン屋さんを見つけると，泣きそうになりながら「あっ，いた！」「おとーしゃん，おったよ！」と興奮します。それを聞いたお父さんは，ほっとしつつも，しかし，「ちなつ，買うの！」「今日は，買いません！」という「買う買わない論争」の新たな幕開けを予感するのでした……。

　2歳を過ぎるようになると，イメージが広がっていることがよくわかります。車に乗った時点で，「メロンパン屋さん」をイメージできるのです。毎日のように見ているとはいえ，「今，ここ」にはない「メロンパン屋さん」をイメージできることから，子どもの表象が大きく広がっていることがわかります。また，車に乗って「メロンパン屋さん」を頭のなかでずっとイメージしつづけられていることもわかります。

　また，イメージしつづけることは，単に認知的な側面にとどまりません。感情や思考にも影響を与えます。この間，ちなつちゃんは，「メロンパン屋さん」

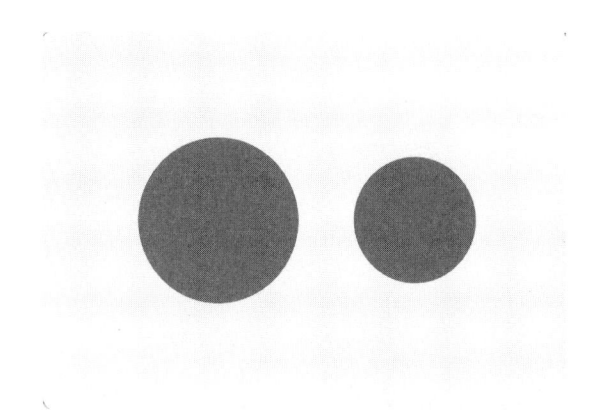

図3-5　大小比較図版

をイメージするだけではなく，イメージできるからこそ，「メロンパン屋さんいるのかな？」とドキドキワクワクしています。さらにドキドキするなかで「いるのかな？　いないのかな？」など考えをめぐらすようになります。イメージの広がりは，感情や思考を刺激することにもつながります。

②関係づけるイメージ：関係概念の発達

2歳以降になると，イメージを関連づけたり，比較できたりするようになります。発達心理学では，このようなイメージを関係概念や対概念と呼びます。新版K式発達検査にある大小比較という課題が，この関係概念や対概念を調べる代表的な課題です。

この課題は，図3-5のような大小の赤い丸が描かれた図版を子どもに提示し，「大きいのはどっち？」「小さいのはどっち？」と尋ねるものです。2歳半までの子どもにとっては，正答するのが難しい課題です。

この課題が難しい理由の1つは，「アカ」とか「マル」という具体的な色や形ではなく，「大きい」という抽象的な言葉の理解を問うているからです。もう1つの難しさは，「大きさ」は，1つのマル単独では判断できないところにあります。異なる大きさのマルと比べてはじめて，つまり，関係を捉えてはじめて，どちらが大きいかを理解することができます。関係を捉えるところが，1歳台のイメージの発達とは違う高次な部分です。2歳半を超えてきて子ども

たちはこの大小比較課題に正答できるようになります。

　関係づけるイメージは，もちろん，この図版のなかだけで示されるものではありません。生活や遊びの場面でも，いかんなく発揮されるようになります。

【エピソード3-5　イチゴよりミカン】
　2歳6ヵ月のたかしくん。遠いところに住んでいるおばあちゃんがイチゴを送ってくれました。たかしくんが，おばあちゃんと電話で話している時に，「イチゴが好き」と言ったので，おばあちゃんは急いで送ってくれたのです。おばあちゃんの気持ちがこもったイチゴを食べたたかしくん，モグモグして一言。「ミカンのほうが好き」。お母さんは「オヨヨ」とずっこけてしまいました。

　「せっかくおばあちゃんが送ってくれたのに」と愚痴の1つも言いたくなるところです。でも，イメージの発達という点から見ると，「よく言えたね」と感心する場面でもあります。目の前には，イチゴしかありません。そのイチゴを食べながら，以前に食べたミカンを思い出し，かつ比較して，「ミカンのほうが好き」と言うのです。2つのことをイメージし，関係づける力は1歳台ではまず見られません。2歳だからこそ見られます。

　関係づけるイメージは，比較するだけにとどまりません。並列的に物事を関係づける点においても見られます。たとえば，お散歩中の2歳の子どもが，バスを見た時に，「バス！」と言うだけでなく，「また，バス！」と言うようになります。「また」というところがポイントです。この発言の裏には，「前にも同じバスが来た」ということが含意されています。今来たバスと，これまでに見たバスをつなげられるからこそ，「また」と言えるようになるのです。2歳児は，様々なつながりのなかで，世界を認識するようになります。

　③無のイメージ：不在の表象
　2歳台に広がる表象の3つ目の特徴として，無いものをイメージして遊べることがあげられます。無のイメージの代表といえば，おばけでしょう。子育て

▷16　神田英雄（1997）．0歳から3歳——保育・子育てと発達研究をむすぶ　乳児編．草土文化．

でよく使われる決め台詞は,「もう寝ないとおばけが来るよ」です。子どもは,おばけを絵本ではともかく実際には見たことがありません。それなのに,子どもは「おばけがいたぞー」といって,一緒にイメージを共有しながら遊んだり,こわがったりすることができます。考えれば不思議なことです。

【エピソード3-6　見えないリスとの対話】

　2歳7ヵ月の頃のみどりちゃんは,ままごとが大好きでした。赤ちゃんのお人形に,ホットケーキのおもちゃをあげたり,ニンジンを焼いてあげるなどお世話をやいています。ところが,この日は違いました。畳の上に,ホットケーキや,ニンジンやとうもろこしのおもちゃを置き,なにやらぶつぶつ言っているのです。お母さんは「なんだろう？」と思ってみどりちゃんの様子をうかがったところ,みどりちゃんは,どうもリスさんにご飯をあげているようなのです。見えないリスさんに「リスさん,ごはんおいしい？」と話し,宙を見上げ,ニコニコとしながら「『おいしい』って……」とつぶやいています。どうもリスさんと対話している様子。お母さんは「リスさん,『おいしい』って言ってるね」と言うものの,みどりちゃんは夢中なため,彼女の耳には入っていない様子です。みどりちゃんは,いくつかせっせとご飯をあげた後,見えないリスに向かって「バイバイ」と手を振ってお別れをし,別の部屋に行こうとします。しかし,その時,見えないリスに対し,「え,なにか言ったの？」というような顔をして,見えないリスにかけよります。そして,見えないリスと会話らしきものをした後,お母さんに「（リスさんが）『お家のなかに入る』やって」と言いました。

このエピソードは,以下の点で特徴的です。それは,目に見えないリスと対話をしながら遊びを発展させている点です。1歳台はふり遊びができるといっても,「積み木をリンゴに見立てる」「バナナを電話機に見立てる」などのように,目に見える具体物をもとにしたふり遊びでした。もちろん1歳台でも「見えないもの」をイメージすることはできます。保育者に「ワンワンを見に行こう」と言われワンワンを心のなかに思い浮かべることは,1歳後半であれば十分に可能です。しかし,このみどりちゃんのエピソードのように,見えないものと遊ぶことは,1歳後半ではまず無理です。2歳半ばにならないと見えてこ

第3章 ボクはボクである でもけっこうテキトウ

ない姿です。無いものをイメージして遊ぶ姿は，他者との遊びのなかで発揮されることもあります。さらに，次のように見えないものをイメージしながら遊ぶことも見られるようになります。

【エピソード3-7 「これはなんでしょう」：見えない線で遊ぶ】
　かなちゃん（2歳6ヵ月）が，お父さんと遊んでいた時のことです。かなちゃんは，突然，もっていた棒で部屋の壁に，線らしきものを描きました。ただの棒ですので，線が残るわけではありません。そして，その線のあたりを棒で差しながら，「これはなんでしょう？」とお父さんにクイズを出してきました。お父さんは突然のことで「なんだろう？」と思いながらも「おくつ」と答えます。すると，かなちゃんはうれしそうに「ブブー」と言って，「ふうせんでした」と答えを言います。
　かなちゃんはその後すぐに，先と同じように，棒で線らしきものを描いて，「これはなんでしょう」と出題。お父さんが自信をもって「風船」と答えると，うれしそうに「ブブー。とりさんでした」と答えます。お父さんは，「あれ？さっきは風船が答えだったのに」と心のなかで思いながらも，かなちゃんのクイズゲームにのっかって，「えぇ〜」と残念そうに答えます。
　さらに問題が続きます。「これはなんでしょう？」というかなちゃんの質問に，お父さんは「おくつ」と答えます。かなちゃんはこれまた，うれしそうに「ブブー」と言います。ところが，肝心の答えを決めていなかったようで，少し間がありました。テーブルにあったミカンをたまたま見つけて「ミカン」とうれしそうに言い，お父さんをまたも残念がらせることができました。

　かなちゃんの姿は，無いものをイメージしながら遊べるという点で，エピソード3-6と共通しています。線を描くという行為はあるものの，実際に描かれた線が残っているわけではありません。見えない線，いわば「無の線」に対して「これは何でしょう？」とお父さんに尋ねています。このように無の線で遊べる姿は，2歳半ば以降の特徴と言えます。
　さらに，このエピソードは，次の点で特徴的です。1つは，イメージが固まっているわけではなく，むしろくるくると変化したり，イメージ自体が後づけされたりする点です。かなちゃんは，線を「ふうせん」と言ったり，「とりさ

ん」と言ったり，はたまた「ミカン」と言ったりします。同じ無の線なのに，答えがコロコロ変わるわけですから，お父さんにとっては，正答しようがありません。さらに言えば，「ブブー」と間違いを言ってから，後から答えを考えることすらあります。答える側にとっては「そんな無茶な」と言いたくなる状況です。2歳児にとっては，「答えはこれ！」とあらかじめ確固たるイメージがあるわけではないのです。むしろ次々と場当たり的にイメージが揺れ動いたり，後からイメージを考えたりするところに，2歳ならではのテキトウさが色濃く出ています。このテキトウさは，図3-2にある2歳児の絵の命名プロセスとも共通していると言えます。

2つ目の特徴として，「無いものをイメージして遊ぶ」ことが他者と共有できていることがあげられます。秋も近づいてきた2歳児クラスのエピソードをある実践記録から引用します。[17]

【エピソード3-8　みんなで旅に出る】
　まい・かずみ・みかさんの3人が，牛乳のパックで作ったイスを並べて「でんしゃでーす」と座りだしました。しおりさんもめざとく見つけて，「しおりも！」と同じようにイスを並べてうれしげに座りました。
　まいさんが「ガッタンゴットン，シュッポッポッ」とかけ声をあげ出すと，うしろの3人も一緒に「ガッタンゴットン，シュッポッポッ」ととっても楽しそうに続けます。そこに「たかも！」「みおも！」と加わってまたまた一緒に「ガッタンゴットン，シュッポッポッ」と続きます。保育者が「どこに行くのですか？動物園ですか？」とたずねると，まいさんが「うみー！」と言いました。みんなもそれで納得のようです。
　すでに10脚もイスが連なったところにゆたかくんも「よせてー」と参加。まいさんの「うみにいきまーす」のかけ声で電車はいよいよ出発です。保育者は途中で「お弁当ー！　お弁当はいかがですか？」駅弁屋さんに変身。みおさん「おべんとうください」かずみさん「おちゃくださーい」たかくん「コーヒーくださ

▷17　射場美恵子（2006）．0歳から5歳の「集団づくり」の大切さ──ひとりぼっちをつくらない．かもがわ出版．

> い」と車中風景もしっかり再現されています。
> そしてたかくんが「きょうとえきついたー。きょうとー！」と言うとみんなでさっさと降りて，たかくんに続いて「京都」にみたてた布団入れの下に全員入っていきました。
> 「あら，海はどうなったのかな」と保育者は「？」だったのですが，子どもたちは２歳児らしくみんな納得，大満足のごっこ遊びのお終いでした。

 ここでも，エピソード３-７と同じような２歳児の特徴が見られます。大人の手助けを借りながらですが，電車に乗って海に行く，京都に行くなどのイメージを共有することができ始めています。さらに，後半にあるように，遊びのイメージが突然変わっても，そこに矛盾を感じない点も，２歳児の特徴と言えます。

 ④表象の発達とテキトウさ

 ここまで，この時期の表象の特徴を「のびる」「関係づける」「無」という３つの視点から述べてきました。では，このような表象機能の発達が，なぜ，テキトウさと結びつくのでしょうか。

 すぐに思いつくのは，記憶できる時間が短いということによるという理由です。長く記憶することができないために，さっきまでの思いと異なる行為を始めてしまい，そのことがテキトウさに見えてしまうのかもしれません。しかし，この理由はあまり説得的ではありません。なぜなら，図３-４の記憶板の課題で説明したように，単純な位置の把握であれば，子どもは15分以上覚えていることができるからです。それに，マルに対して，意味づけが瞬時に変わってしまう，マルのファンファーレという現象を説明することができません。どうも記憶量だけの問題ではないようです。

 この時期のテキトウさを理解するには，２歳児は，大人とは異なる質の表象を有しているという事実を押さえておく必要があります。

 第一に，大人と２歳児では，表象と行為の関係が異なることを理解することです。大人は絵を描く時，あらかじめ「○○を描こう」とイメージします。ま

た，問題を出す時にも，あらかじめ答えを決めてから問題を出します。多くの場合，行為の前に表象が先行しているのです。ところが，2歳児は，むしろ逆のことが多く，行為の後から表象がついてきます。その証拠は，エピソード3-7に見られます。まず先に問題を出して，そのあとで「えーと，答えはというと……」と後づけ的に答えを考えるのです。だからこそ，表象が示している内容がくるくると変化しやすいのです。

　第二に，2歳児の表象が状況に左右されやすいことを理解することです。2歳児は，2つのイメージを関係させたり比較したりすることができます。しかし，まだ表象の世界に入ってきたばかりで，限界もあります。時間軸のなかで，物事をイメージしたり，他者の気持ちを推測するような能力はまだ不十分です。そのため，周囲の環境に影響を受けやすくなっています[18]。エピソード3-8を振り返れば，この事実がわかります。最初は海に遊びに行くごっこ遊びだったのに，1人の子どもが気分で「京都」と言うと，他の子どもは矛盾なく「京都」になってしまうのです。相手の発言や状況に矛盾なく融け込みやすい特徴が，結果として，大人から見ればテキトウにうつるのです。

③　2歳児の保育・子育て

　2歳児の生活を豊かにするためには，どのような点に留意して保育・子育てを行う必要があるのでしょうか。反抗期と遊びに着目しながら述べていきます。

(1) 反抗期（「イヤ」）への理解と対応

　「おそろしい」2歳児の中核をなすのは，❶でも述べたように，「イヤ」と言って大人の指示を拒否したり，自分の思い通りにならないと泣いたり，ころげたりして大人の指示に従いにくい行動です。このような行動は，保育者や保

▷18　瀬野由衣（2011）．2歳児から見えている世界．木下孝司・加用文男・加藤義信（編著）子どもの心的世界のゆらぎと発達——表象発達をめぐる不思議．ミネルヴァ書房．pp. 65-85.

護者の方にとって、対応に悩む典型的な行動でしょう。どのように理解し、関わっていけばよいのでしょうか。

①反抗は発達のポジティブな結果である

第一に、子どもの反抗期は、発達のポジティブな結果として起こりうることを理解することです。言いかえれば、保育や子育てが一義的な原因でないことを理解することでもあります。子どもが大人の言うことを聞かなくなったり、「イヤ」を連発したりするようになると、大人は「甘やかしすぎたのだろうか」「わがままに育ててしまったのでは」「1歳児の時はなかったのに……。やっぱりもっと厳しく接したほうがいいのかも」などと、つい思ってしまいます。

もちろん、子育てや保育、それに個性の問題も影響します。しかし、注目したいのは、どの子どもも程度はあれ、1歳半を超えてくると反抗を示すという事実です。もし子育てが根本的な原因であれば、それ以前にだだをこねてもいいはずです。しかし、そうではありません。このことは、発達してきた結果として、「イヤ」が見られると考えたほうが自然です。

発達の結果だとすれば何が発達したのでしょうか。反抗の理由についても、ある程度、定説があります。一番の理由は、本章❷で述べたように、行為主体性としてのわたしが高まり、また他者を導くような思い（自我）が高まってくるからです。

このような自我が発達してくるために、「お片づけしようか」と大人に言われると、子どもにとってはあまりよい気持ちはしないのでしょう。「イヤ！」と返すことになります。決してお片づけしたくないわけではないのでしょうが、自分の主体性を守るために「イヤ」と大人に反発するのです。極端な場合、でも、しばしばあるのですが、「ご飯食べようか」と言うと「イヤ」と言うので、「ご飯食べないの？」と聞くと「イヤ！」と言って、「どっちなの！」と大人が突っ込みたくなる状況もあります。

このように考えると、子どもは何がイヤなのかが見えてきます。行為そのものが「イヤ」なのではなく、行為を大人に指示されることが「イヤ」なのです。自分でやりたいという気持ちを制限されるからこそ、「イヤ」が出てしまうの

です。

②子どもの「イヤ」にどう関わるか：大人の「正論」から自由になる

大人の意図と子どもの意図がぶつかり，子どもの「イヤ」が見られた時，私たちは，つい説得型のコミュニケーションをとりがちです。「ご飯食べないと病気になっちゃうよ」「お風呂に入ったほうが気持ちいいよ」と，その行為をしなければいけない理由を示して説得する傾向にあります。

しかし，このような「正論」的な対応は，あくまで大人中心の考えです。子どもの「イヤ」の理由は，行為が「イヤ」なことにあるとは限りません。むしろ，自分の主体性を発揮したいのに，大人から指示されてしまうことが「イヤ」なのです。そのため，行為そのものをさせようと説得すればするほど，お互いの溝が深くなってしまいます。まずは，2歳児特有の気持ちを理解することが大事になります。大人がもっている「正論」から自由になることが必要です。

③子どもの「何を」受け止めるのか：行為ではなく自我を受け止める

大人から指示されるのが「イヤ」という子どもの気持ちをふまえると，どのような関わりが見えてくるのでしょうか。ポイントは，子どもの「何を」受け止めるのかを意識して関わることです。

この点で参考になるエピソードが報告されています▷19。ある2歳の子どもが，お母さんとのお買い物の帰りに歩き疲れてクタクタになっている一場面です。子どもは，お母さんに「オンブシテ！」と要求します。ですが，お母さんもクタクタなので，「もう少しでお家だからがんばって」や「わがまま言っていないで歩きなさい」と言い，子どもは激しく泣いてしまいます。そこで，お母さんが折れて抱っこすると言ったところ，子どもは，なんと，はじめに「オンブシテ」といった地点まで走って戻り，ここからおんぶをするように母に要求するのです。「元気やんか！」と思わず突っ込みを入れたくなるように，矛盾した行動に見えます。

しかし，この行動に二重の要求が隠れていると見れば，すんなりと理解する

▷19　神田英雄（2004）．伝わる心がめばえるころ――二歳児の世界．かもがわ出版．

第3章　ボクはボクである　でもけっこうテキトウ

ことができます。1つは,「おんぶしてほしい」という行為の要求です。もう1つは,「自分の思いを認めてほしい」という自我の要求です。最初の地点まで戻った子どもは,「おんぶしてほしい」という要求だけでなく,自分がおんぶしてと言ったところからおんぶしてもらうことで「自分の要求を認めてほしい」という気持ちがあったのでしょう。

このエピソードからもわかるように,2歳児の反抗や自己主張的な行動に関わるうえで大事なことは,「行為」よりも「自我」の要求を受け止めることに重点を置くことです。

具体的には,子どもの思いを言葉にして,いったん受け止めることです。お母さんがご飯食べるよと声をかけた時,子どもは積み木で遊んでいることもあって「イヤ!」と言ったとしましょう。この場合,「わかった,今は食べたくないのね」「積み木楽しいもんなぁ」「待っておくから」といって,子どもの気持ちをいったん受け止めましょう。

④子どもが言葉にしきれない思いを言語化する

子どもの思いを受け止めることは重要です。ただ,もう1つ大事なことは,子どもが言葉にしきれない思いを言語化することです。言葉にしきれない思いとは,どういうことでしょうか。私が,娘とのやりとりから感じたことを例に考えます。

【エピソード3-9　ホントはあやまりたかったんだよね】

私(父)と妻,そして3歳近くになった娘との休みの日のことです。娘は,珍しく晩御飯の1時間ほど前にお菓子を食べたいと言い出しました。私は,「もうすぐご飯だから,お菓子はちょっとだけね。ご飯も食べるんだよ」と約束します。娘は,ウンウンとうなずきお菓子を食べます。さて,晩御飯の時間になり,「いただきます」をしようとしたまさにその瞬間,「ご飯いらん」と娘は一言。シーンとしつつも,やはり起こってしまったかという事態のなか,「さっきご飯食べるって約束したでしょ。食べなさい」と私。そもそも無理な約束を子どもにさせてしまったと思いつつ,譲れなくなってしまって「正論」を言う私。娘もなんとなくはわかっているようなのですが,でも,食べたくない様子で譲れません。

151

その後，父娘で，食べる食べない問答があった後，娘は怒って，なんと私にマメイスを投げつけたのです。父としてのちっぽけなプライドが残っていたのか，私は我を忘れてしまい，「そんな危ないことしてはいけません！」と「正論」の連発。娘に伝わるはずがありません。険悪な雰囲気になってしまいました。
　お互い引くに引けなくなってしまった，そんな時，妻がゆっくりと娘に一言。「ほんとはお父さんにあやまりたかったんだよね」。娘はその一言を聞いて，険しかった表情が一転。オヨヨと泣き崩れます。泣きながら，そして，母にウンウンとうなずきながら，抱きつきました。お母さん，わかってくれたんだよね，という思いだったのでしょう。目に涙を残しつつも，表情はいつもの柔らかさがすっかり戻り，少しずつご飯を食べ始めました。

　父は，ご飯を食べるという約束をしたうえでお菓子をあげました。だから，子どもが「ご飯食べない」と言った時，ご飯を食べなさいと言うことは「正論」です。でも，子どもは，食べないといけないことはわかっています。そのうえで「正論」を言われたわけですから，立つ瀬がなくなったのでしょう。そのやるせなさが，イスを投げることにつながったのでしょう。どこかであやまらないといけないと思っていたのかもしれません。しかし，父が「正論」を出し続けたために，どうにも引けなくなったのでしょう。それを私たちは「反抗している」とか「自己主張が強い」と言いますが，しかし，子どもの思いをふまえれば，妻のように子どもがうまく言葉にしきれない思いを言語化することが大事になると思います。

　ただ，ここでのポイントは，妻が声をかける前に，父にあやまりたかったのかを，子ども自身が明確に自覚していたかどうかわからないということです。それでも，積極的に子どもが言葉にしきれない思いを言語化していくことです。誤解をおそれずに言えば，どんどん「よい方向に」言語化していくことで，子ども自身意識化できなかった思いに気づき，強めていくことになるのではないでしょうか。

　2歳という時期は，ここまでで述べたように，意味がころころ変わる時期ですし，言われてはじめて自覚することもあります。そうであるならば，子ども

第3章　ボクはボクである　でもけっこうテキトウ

の思いを丁寧にさぐっていくと同時に，真実かどうかは不確かでも，子どもの思いを積極的に意味づけていくことが重要かと思います。なにより，否定的に子どもを捉えがちな時にこそ，萌芽的かもしれませんが，子どものよりよい面を引き出していくことが求められるのではないでしょうか。

（2）遊び：一緒に意味をコロコロ変えていく

❷でも話をしましたが，この時期は，表象の世界が広がってくる時期です。ただし，単純に「よく覚えている」といったものではなく，マルのファンファーレ（p. 127. 図3-1）のように，1つのものに多様な意味が付与されたり，もしくは，意味が自在に変わったりする点に特徴があります。意味を自由に使える「テキトウ」な年齢と言えます。

そんな「テキトウ」な子どもたちと，どのように関わればよいのでしょうか。この問題を考えるうえで，ヒントになる2歳児クラスの保育実践を紹介します。[20]

【エピソード3-10　コロコロ変わっていく遊びを楽しむ】

　子どもたちと追いかけっこをしていたひとりの保育者が，わざとかほんとか知りませんがバタっと倒れて，「たいへんだー，小林先生死んじゃったー」と大騒ぎをしました。

　芝居がかった騒ぎぶりに丹羽保育者ものってきて，「どれどれ脈をはかろう。これはもうお墓を作ろう」ということになってしまいました。ちょうどそのとき千夏も何を思ったのか倒れこみ，死んだ人になってしまいました（絶対目をあかない演技力）。

　積み木の墓作りを忘れ，積み木遊びに変わってしまいそうになります。

　さてここで保育者が「ナンマイダー，ナンマイダー」と唱えたならば「オバケ遊び」の幕開けです。

　墓に入った人の数は少し増え，「お兄ちゃんオバケ」（智恵），「赤ちゃんオバケ」（さちこ），「お母さんオバケ」（朋），「お姉さんオバケ」（千夏），小林保母の

▷20　加用文男（1990）．子ども心と秋の空――保育のなかの遊び論．ひとなる書房．

> 五匹です。
> このオバケに「人間の子ども食べちゃうぞー」と追いかけられると必死になって逃げる卓真。ひとみも怖がらず保育者にべったりすることもなく楽しんで逃げ，智恵もすっかりオバケ役を演じ，最後までスルリと抜けることなく遊べる姿を見せて，保育者もニカッ！とうれしくなり，ホールの舞台やカバ組の部屋に逃げる人間の子どもたちです。

 2歳児クラスの典型的な遊び風景です。最初は追いかけっこだったはずが，保育者の「死んじゃった」の一言で死人ごっこになったかと思えば，そのまま積み木遊びに矛盾なく展開しそうになったり，ところが，保育者の「ナンマイダー」の一言でオバケごっこになったりします。よく考えると，無茶苦茶な展開です。しかし，2歳児はその無茶苦茶さを意識することなく，その場その場で，これらのイメージを友だちと共有しながら軽やかに遊んでいくことができます。このテキトウさが2歳児の魅力です。

 このエピソードから学ぶことはもう1つあります。保育者の関わりです。死人ごっこ遊びから，子どもが積み木遊びのほうに変わりそうな時の，保育者の対応に注目してください。保育者は，「はい，今は積み木遊びをしません」とか，「今，ここに人が倒れていますよー」などと，「正論」で遊びを元に戻そうとはしていません。また，そのまま一緒に積み木を楽しむのでもありません。そうでなく，突如，「ナンマイダー」と保育者自らが，一気に新たなイメージを付与するのです。4，5歳ともなると「なぜナンマイダーなの？」となりそうなところですが，そこは2歳児，「なんだかおもしろそう」とむしろ食いつくのです。

 2歳児と遊びを楽しむコツはここにあるのではないでしょうか。私たちは，遊びにストーリーを求めがちです。特に，2歳台ともなると，言葉でのやりとりができてくることもあって，大人の側としてはストーリーをつくり，ストーリーに沿った遊びを展開したくなります。しかし，この実践からもわかるように，子どもは，むしろ，その場その場で，意味をコロコロ変えたその瞬間を楽

しむのです。そして、その瞬間を保育者や友だちと共有することに楽しさを見いだすのです。大人が、自分たちの視点にとらわれた「正論」にとらわれることなく、子どもと一緒に、いや、子ども以上に意味を自在に動かして楽しむことが、素敵な2歳児の姿を引き出していくことにつながるはずです。

(3) ボクはボクである　でもけっこうテキトウ

　1歳後半から3歳は、自己主張の強い時期です。「ボクはボク」という自我を全身で主張しています。他者との関係のなかで衝突が多くなるので、その側面だけ見れば、硬い自我であり、融通がききにくい年齢と見られるかもしれません。

　でも、その一方で、よい意味でテキトウな側面もたくさんあります。さっきまでお買い物ごっこをしていたと思ったら、もっていたキュウリのおもちゃに触発されて、お歌ごっこを始めます。すると、周りにいた子どもも矛盾なくお歌ごっこに加わります。遊びが柔軟に変化し、伝染します。このような意味がくるくると揺れ動くテキトウさを子どもたちは楽しむことができます。

　自己主張という明確な軸をもち始めつつも、しかし、柔らかに主張を変えていく2歳児。大人からすると矛盾するような両面を、矛盾なく内面にもつことができるのが、2歳児ならではの姿だと思いますし、そこを理解できた時、2歳児と関わる楽しさと、関わる糸口を見いだすことができるでしょう。

学びのガイド

●この時期の子どもたちについてもっと知りたいあなたへ

　2歳台の発達に焦点を当てて書かれた本はそれほど多くはありません。しかし，そのなかでも，次のような本が参考になります。

　本書のテーマになっている「表象」について専門的に知りたい方には，**『子どもの心的世界のゆらぎと発達――表象発達をめぐる不思議』**（木下孝司・加用文男・加藤義信（編著），ミネルヴァ書房，2011年）が一押しです。表象の発達全体についての論考はもちろん，2歳台の子どもの表象の特徴について「ゆらぎ」という視点から書かれており，参考になるでしょう。また，**『発達の扉（上）』**（白石正久，かもがわ出版，1994年）は，「できる‐できない」など物事を2つの世界に分ける二分的評価という視点から表象の発達について論じています。本章とは異なる視点から2歳児の表象を理解するのに有益です。

　2歳台の自我については，詳しい本がまだ出ていない状況です。そのうえでとなりますが，**『〈わたし〉の世界の成り立ち』**（岩田純一，金子書房，1998年），**『〈わたし〉の発達――乳幼児が語る〈わたし〉の世界』**（岩田純一，ミネルヴァ書房，2001年）が参考になります。両者とも，0歳から6歳頃の乳幼児期を中心に自我の発達について書かれています。1歳半や2歳台の自我についても，それぞれ章を割いて述べられています。本章で詳しく触れることができなかった，過去を語り始めるような「物語る自己」ついても書かれています。2歳児の自我をより深く理解するうえで参考になるでしょう。

　2歳児に限らず，広く自我の発達を知りたいのであれば，乳児やチンパンジーの自己の発達を含めて広く研究が紹介されている，**『自己の起源――比較認知科学からのアプローチ』**（板倉昭二，金子書房，1999年），**『「私」はいつ生まれるか』**（板倉昭二，筑摩書房，2006年）がおすすめです。チンパンジーなどとの比較を通してヒト固有の自己の特徴を学ぶことができます。

第3章　ボクはボクである　でもけっこうテキトウ

●保育・子育てに活かしたいあなたへ
　2歳児の発達をふまえた保育や子育てについて書かれている本としては，**『伝わる心がめばえるころ――二歳児の世界』**（神田英雄，かもがわ出版，2004年）が出色です。生き生きと描かれたエピソードから，保育や子育ての手がかりが見えてきます。また，2歳という時期を0歳や3歳との比較で捉えるうえでは，同じ著者の**『0歳から3歳――保育・子育てと発達研究をむすぶ　乳児編』**（神田英雄，草土文化，1997年）がよいでしょう。コンパクトな本ですが，発達のすじみちもふまえながら，保育のあり方がわかりやすく書かれています。
　2歳児の保育に焦点を当てたものとしては，タイトルが示す通り，**『子どもと保育　改訂版　2歳児』**（秋葉英則・白石恵理子・杉山隆一（監修）大阪保育研究所（編），かもがわ出版，2011年）をすすめます。2歳児の発達をふまえて，保育計画の立て方や，季節ごとの活動内容例が書かれています。
　2歳児とその家族のリアルな生活を知るうえでは，育児マンガも有益です。本などもよりも，視覚的な描写がある分，ある意味，より深く理解することができます。本章のなかでも取り上げた，**『はじめて赤ちゃん　ふたりめ編』**（阿部潤，秋田書店，2009年）は，父の立場から2，3歳の娘との関わりが描かれています。子どもをもつことで，仕事も趣味も制限される様子が描かれます。しかし，それ以上に娘を愛しく思い，家族での生活を楽しんでいる様子がコミカルに伝わってきます。「素敵な2歳児」を深める意味でもぜひ手にとっていただきたい1冊です。母の立場から2歳児を描いたものとして，**『大原さんちの2歳児をあまくみてました』**（大原由軌子，主婦の友社，2008年）や，**『ママはテンパリスト』**第1巻（東村アキコ，集英社，2008年）があります。前者は，terrible twos（おそろしい2歳児）が，どのように見られるのかについて，やんちゃな息子の成長とともに，ほほえましく描かれています。後者からは，著者であるママが息子の一挙一動にテンパリながらも，育児を楽しんでいる様子が伝わってきます。

Column 2歳から3歳へ　こんな姿が魅力的！こんな姿がおもしろい！

「みんなー，ごはんよぉ」

かわいい声が響く2歳児クラス。おままごとが大ブームで，保育室には小さなお母さんがいっぱいです。「お熱なん。病院行くんで」とお人形をベッドごと抱えて甲斐甲斐しくお世話している女の子たち。つい半年前までは「てんてー（先生）」と言っていた子どもたちが，大きくなったなぁと成長をうれしく感じます。お片づけのとき，お友だちに「はい，○○ちゃんはこれもって。箱にお片づけしてね」と声をかける様子は，まるで先生。頼もしい限りです。

　伝えたい……でも伝わらない

おしゃべりが増え，自分のことばで伝えたいという気持ちが育ってきた半面，うまく伝えられなくてもどかしい思いをしたり，なんとなく恥ずかしくなって先生の後ろに隠れたりと，いろいろな新しい感情を経験している子どもたち。おうちから先生に絵を描いてもってきたのに，なんだか恥ずかしくて「ママ言ってよ……」なんて姿も見られるようになってきました。

言語の獲得は個人差が大きく，発音もなかなか難しいものです。3歳1ヵ月の男の子Kちゃんは，発音がもう一息で，思いが相手にうまく伝わらないときがあります。ある日のお給食の時間。Kちゃんが私をじーっと見つめてくるので「なぁに？」と聞いてみると，Kちゃんは小さな声で「ほはぁ……」と返してきました。ん，ため息？と不思議に思いながらも「ごめんね，もう一回言って？」と聞き返すと，またも「ほはぁ……」。一向に理解できず，でも何かを伝えようとしていることはわかったので，何度も聞き返しました。それでもいやな顔をせず何度も「ほはぁ……」と返してくれるKちゃん。相持ちの先生と話し合った結果，Kちゃんは「お茶」がほしいと言っているのだろうということがわかり，みんなで「あぁ！」と納得したのでした。

　いろんなお友だちがいるね

3歳以上児のふれあいタイムに参加したり，1歳児さんと一緒に遊んだりする機会が増えるなかで，はじめはガチガチに固まって不安がる子も多かったのですが，大きいクラスのお友だちの優しさに触れるうち，笑顔もたくさん見られてきました。

1歳児さんとのお散歩では「これ触ったらいかんよ，いたいいたいするよ」と，自分を棚に上げながらペアの子に力説する姿につい笑ってしまいます。それいつ

も自分が言われていること……。先生の話を聞いていないようで、聞いています。一生懸命1歳児さんをリードしようとする小さなお兄さん、お姉さんの姿がほほえましく映ります。

　自立と、助け合いと

　紙パンツがとれて布パンツで過ごす時間が増えると「もう赤ちゃんのパンツいらんよ。○○（弟）にあげて」と自信たっぷりに言ったり、「ピンクのパンツおそろいね〜」とお友だちと見せ合ったり（保育者にも「先生のパンツ何色？」笑）、うれしくて仕方がない様子です。

　身辺自立が進み、ことばでの関わりも増えてきた2歳児さんたち。3歳児に向けて、排泄や着脱をある程度自分でできるようにと励ましたり見守ったりしていますが、もう一つ大切にしているのが、難しいときに自分から「てつだって」とまわりに働きかける力をつけることです。実は、このことは新人保育者にとっても大切なことなのだと、自分の1年目を振り返って思います。今は3年目で2回目の2歳児。1年目にはじめて2歳児を受けもったとき、苦労したのはむしろ相持ちの先生との人間関係でした。ひとりで抱え込んでしまい、なかなか「教えてください」の一言が言えずに、いつもいっぱいいっぱいになっていました。

　2歳児さんたちを見ていると、そんな1年目の私と重なってくることがあります。成長のペースや苦手なことは一人ひとり違います。困ったときには先生や友だちに自分から訴えて助けてもらえる子に、そしてお友だちが困っていたら助けてあげられる子になってほしい。いろいろな人との関わりを通して子どもたちのなかに育ってきた、ことばで伝えようとする気持ちや思いやりの芽を、大切に育てていきたいと思っています。

（岡 奈津子：香川・松島保育所）

第4章

そばにいたきみから　ひとりで歩むきみへ
3歳児の世界をさぐる

一緒が楽しい，でもよく見れば一人ひとりに個性があふれる

第 4 章　そばにいたきみから　ひとりで歩むきみへ

Introduction

　本章では，2歳後半から4歳になるまでのおよそ1年半の子どもの姿を描きたいと思います。中心となるのは3歳台。「大きくなった自分」を自覚し，行動面でも気持ちの面でも大人から少しずつ離れ，新たな一歩を踏み出す時期です。
　「自立の3歳」と呼ばれるこの頃，元気に一歩を踏み出した子どもに「そんなことしてあぶない！」と"まだ小さい子"扱いしてみれば，即，いじけてしまう姿が見られたりします。とはいえ，「もうお姉さん／お兄さんでしょう！」と"大きい子"を期待したとたんに甘えた様子を見せたりするのも，また一方の3歳児らしさでしょう。「依存」と「自立」を行き来しながら未来に向かっていくこの時期の子どもの姿は，どのような発達のしくみに支えられているのでしょうか。それをふまえた時，保育や子育ての場面で可能な手立てとは何かと合わせ，本章で詳しく述べていきたいと思います。

① 3歳児とはどんな時期？：自立へ踏み出し，未来に向かう

（1）「3歳だからできるよ！」

> 【エピソード4-1　3歳の誕生日を迎えて】
> 　3歳の誕生日を保育所で迎えたトモちゃん。この日，自分のクラスのロッカー上に誕生カードの写真が飾られたのがすごくうれしくて，仲良しのユッちゃんと一緒に何度も何度も見に行きます。ロッカーに近づきすぎて，背伸びをしなければ見えなくなるほど。「もうちょっと後ろにきたらいっぱい見えるよ」との保育者の声かけに，少し後ろに下がったトモちゃん。「見える〜」と再びうれしくなりました。

　3歳という年齢は，子どもにとってどんな意味をもつのでしょうか。
　2歳の誕生日も，3歳の誕生日も，そばで見守る大人にとっては同じようにうれしい1日でしょう。一方で子どもにとっては，3歳の誕生日は2歳のそれ

写真 4-1　3 歳のお誕生日おめでとう！

とは異なり，子どものこれまでの人生においてもっとも誇らしい感情のなかで迎える誕生日と言えるかもしれません。大きくなった自分を自覚できる初めての日であるその日に，祝われることで"大きくなった"という事実を改めて実感する，さらにはそれを，仲のよい友だちとともに前のめりになるほどに確認する姿からは，3 歳という節目が，子どもにとってこれまでにはない，新たな時間の始まりであることを予感させます。

　誕生日と同様に，3 歳児クラスへの入園や進級にともなう生活の変化は，子どもにとって「大きくなった自分」を十二分に自覚させられる節目となることでしょう。ことばでのやりとりがおぼつかない 1 歳，問われた時に初めて自らの年齢を口にする 2 歳に対し，3 歳になった子どもたちからは，「3 歳だもん」と自ら年齢を口にする，「(3 歳児クラスの) ○○組さんになったからコイノボリつくれるよ！」と，大きくなった自分をかみしめるなどのことばが聞こえてきます。このように，大きくなった姿に自ら言及することは，これまでと違った水準で「自分」を捉える力が芽ばえつつあることの現れとして理解できるでしょう。

　一方で保護者にとって，特に 3 歳児クラスへの新入園は，単にそれまでの生活パターンが変わるだけにとどまらない意味をもつのではないでしょうか。保

▷1　播磨俊子 (1988/2005). 子どもの発達・子どもの世界. 法政出版／三学出版.

護者の手から離れ，急速に伸びることばの力を駆使して保育者や友だちと会話
し，寸暇を惜しんで遊ぶ……それはこの頃の子どもたちが，これまでの生活に
はなかった「保護者からは見えない世界」を自分なりに考え，組み立てる第一
歩を踏み出したということなのです。

　本章で扱う 2 歳後半から 3 歳台という年齢期は，園で言えば 2 歳児クラスか
ら 3 歳児クラスに相当する時期です。この頃，子どもたちは生活場面はもちろ
ん，遊びの場面においても，それまではあれだけ激しく求めていたはずの大人
から徐々に離れ，新たな人間関係を築いていきます。大人との関係から一歩ず
つ踏み出し，友だちを求める姿は，ともすれば一抹の寂しさを大人に感じさせ
るかもしれません。しかしながらそれは同時に，これまでと異なる子どもとの
信頼関係が大人に求められ始めたことの証でもあります。本書でこれまで触れ
てきた 0 〜 2 歳の段階を経て，3 歳頃の子どもに芽ばえるのはどんな姿でしょ
うか。そしてそれによって，子どもたちにはどのような新たな世界と可能性が
広がるのでしょうか。

（2）自立へ踏み出す 3 歳児

> 【エピソード 4 - 2 　 3 歳児の姿をひとことで表すと……】
> ・宇宙人から，やりたい星人へ――まめに，保育士に充電
> ・何でも"できる"――前向きすぎる意欲・自信
> ・「できるもん」といいながら手伝ってほしい

　この時期の子どもの多くは，生活面に関して徐々に大人の手から離れ，食
事・排泄・更衣などを少しずつ自らこなしていくでしょう。学校教育法におい

▷ 2　神田英雄（2004）．3 歳から 6 歳――保育・子育てと発達研究をむすぶ　幼児編．ひとなる
　　書房．
▷ 3　平成21年度愛知県現任保育士指導者養成研修（中堅コース）（2009）．子どもの発達と理解．
▷ 4　あいち保育研究所年齢別保育講座（2010）．3 歳児保育．
▷ 5　平成22年度愛知県現任保育士指導者養成研修（中堅コース）（2010）．子どもの発達と理解．

て，幼稚園への入園が「3歳から」と定められているのは，これらの姿を一定程度期待してのものと思われます。さらに話しことばに関しても，大人の"マネ"を超えて自らことばを選び取って話し始めるなど，大人を驚かせる姿が見られる頃かもしれません。この姿は，保護者や保育者といった身近な大人自身がいずれかで示した範囲のことばを話している，つまり子どもが何を言うか大まかな予想がつく2歳台までのことばの使い方と大きく異なります。そのほかに，たとえば大人が目を離さなかったつもりなのになぜだか迷子になる姿なども，この時期ならではの変化としてあげられるでしょう。まがりなりにも身の回りのことをこなし始め，自ら語り，自ら歩む。これらの様子は，子どもが園という新たな生活の場に入っていけるまでに自立する力がついた現れとして捉えることができます。

発達心理学者は，この時期の世界を表すキーワードとして「自」を含む語やフレーズを多くあげてきました。「自己中心性」▷6を代表に，「自慢話」をはじめとする「自己主張」，大きくなった自分を自覚して行動する「自我の確立」など，いずれも「自」を含みつつ，着目する観点によって表現は様々です。とはいえ思考・行動の主体として歩み始める点は，これらのいずれにも共通するものと思われます。

また，2〜3歳の時期は一般に「第一反抗期」とも言われますが，自立の進行にともなって，2歳台のそれと，3歳台のそれとは異なる様相を見せることでしょう。単に「自分はできる」つもりの2歳台に対し，「大人と比べて自分はできる」つもりでいるのが3歳台によく見られる姿ではないでしょうか。"大人はダメ！ 子どもだけ！"と口にしたり，大人と競争して勝ったことを

▷6 　自己中心性（egocentrism）：認識の発生をテーマにヒトの発達を理論化したスイスの心理学者ピアジェ（Piaget, J.）により，幼児期の主要な特徴として指摘された概念。論理的思考が獲得されていない幼児期には，自分の視点や経験から離れての思考は困難であることが多い。たとえば自分の目の前にあるものが電話の相手からは見えないことを無視し，目の前に見える自分の描いた絵の説明を一方的に電話口で語る，などの姿が典型的に見られる。「自己中心性」とは，このようにあくまで思考における視点の問題であり，「幼児とはわがままである」という意味ではないことに注意する必要がある。

大喜びする3歳台の子どもの様子は、この姿を端的に示すものでしょう。このような子どもと大人との対比は、子どもの世界に「友だちと過ごす／楽しむ」というカテゴリーがはっきりと芽ばえた証です。給食が運ばれてくるのを待ちながら、子ども同士で楽しく話して間をもたせる、「園で友だちと遊んだ」ことを家庭で話してくれる……友だちとともに過ごす楽しさが徐々に花開き、結びつきがより強まっていく時期だと言えるでしょう。

しかしその反面、この時期の子どもは単純な"自立"というだけでは語れない側面をもっているのもまた事実です。「自分でやりたい！」という激しい自己主張を見せたかと思えば、実際にはうまくできず、しばらくすると「やって」……。さっきまでの勢いはどこへやら、一転して大人の助けを求める姿も少なくないと思います。エピソード4-2にある"3歳児の姿"のうち、「宇宙人から、やりたい星人へ——まめに、保育士に充電」とは、疑うことや計算なしにやりたいことに突き進み、自立し、自信をつけ始める姿を「やりたい星人」として、一方で「センセイヤッテ！」とたびたび大人に甘える姿を「まめに充電」と表しているのでしょう。この時期に手に入れつつある力と、大人との関係をうまく言い当てていると感心させられます。

「自分はできる」という感覚が、子どもの姿としては「やりたい星人」として現れていきます。とはいえ、やりたい気持ちがあったとしても、それを実際に自分でできるかどうかは別問題です。また、その気持ちが長続きするとも限りません。気持ちとしては自立の様相を強く見せる一方で、時に大人に「充電」してもらうことが必要……。その行ったり来たりの世界のなかで、具体的な行動を介して「自分」を発揮していくのが、この時期を特徴づける典型的な姿だと言えるでしょう。

（3）未来へ踏み出す3歳児

【エピソード4-3　3歳児は振り返らない！】
　3歳を過ぎたトモちゃん、ウチでお父さんを相手に「おもしろいこと言ってあ

げようか！ ……おなら！」と話しかけます。その唐突さと勢いに思わず笑ってしまったお父さんと一緒に大笑いしたトモちゃん。発言はさらにエスカレートして「パンツ！ ……ハハハッ！ ……ズボン！ ……ハハハッ！ ……オヨウフク！ ……ハハハハッ！」と笑いを重ねていったはずが……。あれれ，何だかわからなくなってきた⁉

　大人との間を行ったり来たりしながら，自立へと歩み始める3歳児。そのことばによく耳を傾けてみると，私たち大人とはちょっぴり異なる世界を垣間見ることができます。それは，やってみたことがたとえうまくいかなくても，後ろを振り返らずに「未来」に向けて歩み始める姿です。エピソード4-3にもあるように，3歳児のそのような"誇り高い挑戦"は当人の"ホンキ"度とは裏腹に，大人から見るとほほえましく，同時に不思議さを感じざるを得ないことがあるのではないでしょうか。時に失敗に終わったとしても後ろ向きにならず，相手が一回受け止めてくれた様子を見て，あとは相手の反応にも構わず極めて未来志向的に前を向いて歩んでいくこの姿は，心理学者のポヴィネリたちが試みた次の実験で3歳までの子どもが示した姿と通じるものがあります。

　ポヴィネリ（Povinelli, D. J.）たちが行ったのは，「遅延ビデオマークテスト」と呼ばれるものです。ここではまず，子どもの額に気づかれないようにシールを貼った後，その姿をビデオで撮影します。そして3分後に，その映像を見せ，子どもが自分の額に手を伸ばすかどうかを観察します。42名の2～4歳児を対象に行われたこの実験の結果は，4歳児の多くが額に貼られたシールを取ろうと手を伸ばす一方で，2歳児そして3歳児のほとんどは手を伸ばそうとしなかった，というものでした。

▷ 7　Povinelli, D.J., Landau, K.R., & Perilloux, H.K. (1996). Self-recognition in young children using delayed versus live feedback : evidence of a developmental asynchrony. *Child Development*, **67**, 1540-1554.

▷ 8　加藤弘美（2008）．自己イメージの起源．加藤義信（編）資料でわかる認知発達心理学入門．ひとなる書房．pp. 76-86.

第4章 そばにいたきみから ひとりで歩むきみへ

写真4-2 「ありし日の自分」を振り返りながら

　この実験を日常生活に近い状況に置きかえてみると，いたずらで背中にシールを貼られた，またはついうっかりクリーニングのタグをつけたまま上着を着てしまったなどの自分の姿が，ビデオ映像として映された場面が想像できます。この時，もし私たち大人であれば，ビデオ映像を確認してすぐに自分の背中に手を伸ばしシールを取ろうとするでしょう。一方で，先の実験において，映像を見ているにもかかわらず額に手を伸ばさない3歳までの子どもにとっては，映像のなかに現れている「さっきの自分」は，「今の自分」とは連続しない，別の存在として実感されているのかもしれません。

　2～3歳の子どもは，写真や映像のなかにいる人物を「自分」と認識できていないわけではありません。たとえば携帯電話などに記録されたそれを見ながら，「これは〇〇ちゃん」と指さして名前を口にしたり，繰り返しそれを見ることを要求したりするのはこの時期によく見られる姿です。その様子を目にした時，私たちは当然，「これまでのできごと」についての理解も私たちのそれと同じだとみなしたくなるでしょう。しかしながらポヴィネリたちの実験からは，この時期の子どもにとって「これまでの自分をわかる」ことが，必ずしも今の行動の判断へとつながるわけではないことが読み取れます。

　「これまでの自分」の続きに「今，ここにいる自分」があることを疑わない私たち大人は，少し前に指摘したはずのことを忘れてしまったかのように振る

169

舞う2〜3歳児に向けて、つい「さっき言ったでしょう！」と声をあげてしまうことがないでしょうか。話しことばが徐々に自立し、表面上は多くをスムーズに話す子どもの姿を見れば、私たち大人の立場からは余計にそのような思いが募るのも無理ないことかと思います。

　しかしここからは、2〜3歳児にとっての「これまで」は、大人のそれとは質が異なるだろうこと、つまりはこの時期の子どもたちに「さっき言ったでしょう！」と"大人の論理"を当てはめていくのはちょっと酷なことなのかもしれない、という解が成り立ちます。ある時点で「わかった！」としても、その後もそれが同様に続くとは限りません。見方を変えれば、この姿は、"失敗した過去"を振り返って私たちのようにためらうのではなく、先のエピソードと同様の、たとえ失敗しても振り返らずに未来に向けて歩み出す姿と通じるのではないでしょうか。たとえばこの時期によく見られる、注意された自分のことは棚上げで友だちを注意するなどの様子も、この「未来志向」という観点から理解できるでしょう。

　自立に向かって「自分」を押し出し、振り返らずに「未来志向」で前向きな日常を積み重ねる姿は、ヒトの一生においてもこの時期にこそもっとも目につくという意味で、きわめて3歳児らしい生活の姿と考えてよいでしょう。なぜ、この時期にそのような様子が現れるのか、自立へと踏み出し、未来へ向かう3歳児の姿はどのようなしくみによって支えられているか、次にこの背景を考えていきましょう。

② 3歳児の姿が芽ばえるしくみ

(1)「表象」の定着
① 「思い描く」から「比べて選ぶ」へ

　これまで述べてきた「3歳児の姿」に深く関わるものとして、おおむね1歳後半を境として出現する「表象」およびそれをベースにした行動の定着をあげることができます。表象とは、簡単に言えば頭のなかに思い浮かぶイメージの

ことです。一般に1歳後半頃に芽ばえるとされる表象は，子どもの行動様式を次のように大きく変化させるきっかけになると考えられます。

　たとえば生活面において，表象の芽ばえは，行き当たりばったりではない「これからしたいこと／これから起きること」を思い浮かべた行動へと結びつきます。「ゴハンだよ。おてて洗おう！」とこの頃の子どもに声をかけた時，子どもは実際に手を洗うだけでなく，エプロンを引き寄せ，時にそれを自ら身につけようとしたり，ゴハンを「チョーダイ！」と机をたたいて要求したりするのではないでしょうか。「ゴハンだよ……」のことばの向こうに，他の何ものでもない，おいしそうな食事が出てくる場面を見通せる……。表象をベースにした行動の定着とは，大人の視点から見れば「ことばをかけたらわかってくれた」，子どもの視点から見れば「次の行動を見通し選び取れた」実感となるでしょう。さらにそれは，選び取った行動を強烈な自己主張として表に示すという形で現れていきます。

　一方で遊びの面において，表象の芽ばえは，頭のなかに思い浮かべたイメージをもとに遊ぶ力へとつながります。お散歩に出かけた子どもが，ジュースの自動販売機の前で大人と一緒に空の手を使ってコインを入れ，大人の口から発せられた「ドンッ！」という音とともに空の手に取り出されたジュースを飲んで，「オイシイネ！」と空の喉をならす。その後，ふと気づいたように自動販売機の裏にある暗い隙間を見つけ「オバケのおうちだあ！」と盛り上がる……。何もない手にコインを見いだし，存在しないジュースにおいしさを感じられ，ちょっとした空間に「オバケのおうち」を見いだせるのは，表象をベースに見立てる力があってこその行動です。

　このように，生活および遊びのスタイルを根本的に変える原動力になる「表象」が成立するとは，「〜デハナイ，…ダ」と言われる「比べて選ぶ力」の獲得へと結びつきます。「表象」を支えに見通して選ぶとは，「選ぶもの」と「そうでないもの」を頭のなかで比べたうえで，意思そして主張をはっきりさせて

▷9　田中昌人（1999）．1歳児の発達診断入門．大月書店．

いくことです。実際には見えないものをも"見立てる"ことが可能になったこの時期，子どもは時に目の前には存在しないものとも比べながら，頭のなかで選び取った自らの意思を表に出していきます。本章で扱う2歳半以降は，1歳半頃を境に芽ばえる表象を基礎とした選択と主張の力を，「2つのもの・ことを比べる」形で展開させつつ，さらにその力を生活場面で発揮していく時期だと言えるでしょう。

② "2つ"を比べる：「自分 - 相手」の理解

この時期の発達の様相を確認するにあたってよく使われる「新版K式発達検査」には，2歳台の子どものうちおよそ半数が通過すると考えられる項目として，「大 - 小」の比較（2歳3ヵ月〜2歳半）および「長 - 短」の比較，「男 - 女」の理解（ともに2歳後半）の課題があげられています。これらには「2つのもの・こと」を比べる力がこの頃に獲得されていくさまが表されていると言えます。ただしそれは，この時期の子どもの発達において，これらの課題に成功するか否かそのものが重要だという意味ではありません。ポイントはあくまで，この時期に足を踏み入れていく「"2つ"を比べる」世界が，生活のなかでのどのような姿に結びつくかということです。それは「大 - 小」などの対の概念の理解へとつながると同時に，次のような姿を引き出していくと考えられます。

たとえばこの時期の子どもに，積木を使って形を構成する見本を示し，見本と同じ形をつくるように促してみます。以前は大人がつくった見本に手を伸ばし，その上に直接積木を積み上げてしまっていた2歳のアヤちゃん。今回は見本に手を出さず，それをじっと見て，自分の手もとで積木を使って同じように組み立てることができました……。実はこれは，先述の「新版K式発達検査」に含まれる課題の1つです。「"2つ"を比べる」力は，たとえばこのように「自分」と「相手」の世界を区分し理解することへと結びつきます。

さて，この「自分 - 相手」の世界を理解できた子どもに新たに芽ばえるのは，相手の思いに心を寄せていく可能性です。先ほどのアヤちゃん，お姉ちゃんのユイちゃんとのおもちゃの取り合いは日常茶飯事です。ところがこの日，お母

第4章　そばにいたきみから　ひとりで歩むきみへ

写真4-3　「どうぞ」でうれしい

さんからの「『どうぞ』してあげたら，ユイちゃんすごくうれしいよ」のゆったりした繰り返しのことばかけで，アヤちゃん，もっているおもちゃを「ハイドウゾ」と気前よく渡すことができました。この時期の子どもは，大人の働きかけをきっかけとして，それまではあまり見られなかったこのような姿を時に垣間見せてくれることでしょう。

　この場面において「『どうぞ』してあげたら，ユイちゃんすごくうれしいよ」のことばがすっとアヤちゃんに受け入れられていったのはなぜでしょうか。このことは，「"2つ"を比べる」力を基礎に展開する「自分－相手」の世界の理解という側面から捉えることができます。先述の「新版K式発達検査」の積木を使った課題において，大人が示す見本に手を伸ばして自らの積木を積み上げ，重ねてしまう子どもに対しては，子どもの手もとにマット等を敷いて「自分の領域」「相手の領域」がそれぞれどこかを視覚的に区分することを試みると，子どもが「自分の領域」に気づき，見本に手を伸ばさず課題に成功できることがあります。比べる力が育ちつつあるこの時期，このような「自分－相手」という2つの世界へ立ち戻るための少しの援助をきっかけに，子どもの行動は変わり得るわけです。

　このことは，先のようなモノの取り合いなどの子ども同士のトラブルの場面で，相手の状態，思いなどを具体的に大人が伝えることで，友だちの世界に心

を寄せていけるようになった姿に通じるものがあります。「みんなのだから，順番こに使おうね」「そういう時は，貸してっていうんだよ」といったことばかけではかたくなな姿を見せていた子どもが，大人による，「自分」とは異なる「相手」の世界の存在に気づかせてくれる働きかけに背中を押された時，相手の思いに心を寄せ，それまでにはなかった姿を見せることがある……。表象の芽ばえを基礎とした「"2つ"を比べる」力は，大人によるこのような支えの積み重ねを通じて，いずれ現れる新たな人間関係へと自ら一歩を踏み出していく土台となるのです。

③ "2つ"を比べる：「できる‐できない」の理解

さて，「自分‐相手」の世界の理解として展開される「"2つ"を比べる」力は，「子ども‐大人」の対比へも結びつくと考えられます。3歳台の「反抗期」としてすでに述べた，大人と比べつつ「大きくなった自分」を主張していく姿は，この「"2つ"を比べる」力と深く関連して現れるものと考えてよいでしょう。そしてそれは，この時期を境に，やりとりを基礎として子ども同士の世界がより強まっていくことへとつながるわけです。

表象が展開し，見通しが明確化したことで形になった「"2つ"を比べる」力は，その一方でこれから試みる活動の「結果を見る力」とも結びついていきます。この時期に典型的に見られる，「できる」ことに対し自信をもって前に進んでいく姿は，その1つの現れだと言えるでしょう。一方で見通しが明確化するとは，「できない」と思える活動に対しても見通しがつくということでもあります。つまり「できる‐できない」を比べる力は，「できる」と思えることに対する前向きさと自信を生む反面，「できない」と思えることに対する拒否や尻込みといった，後ろ向きな気持ちをこの時期の子どもに同時に生み出すことになり得ます。そのような様子が現れている，次のエピソードを見てみましょう。

【エピソード4-4　楽しい遊びへのきっかけづくり】◁10
箱積み木をいくつもならべ平均台のようにして歩いてわたり，端からジャンプ

第4章　そばにいたきみから　ひとりで歩むきみへ

をして遊んでいたマイちゃん（2歳6ヵ月），フミくん（2歳6ヵ月），チカちゃん（2歳9ヵ月），サヤちゃん（2歳8ヵ月），マサくん（3歳0ヵ月）。友だち同士があとに続いて，何回か繰り返し楽しんでいました。そうしているうちにマサくんは，箱積み木の上にべたっと横になってしまい，一緒に遊んでいた子どもたちが遊べなくなってしまいました。「とおれないじゃん」とすぐ後ろにいたチカちゃんが言うものの，まったく耳に入っていない様子のマサくん。重々しい雰囲気のなか，誰も「どいて」と言い出せない様子でした。ほかのみんなはまだ楽しんでいるのに一人，遊びが続かず，かといって静かに抜けていくのもしゃくなようで，遊びをストップさせてしまっていました。

　そこで保育者が，パンに見立てて「マサくん，パンになっちゃった。何ジャムつけてたべようか？」と近くにいた子たちに声をかけると「いちごジャム！」と元気よく返事してくれるチカちゃん。「♪ジャム，ジャムいちごジャム〜」と保育者が即興で歌ってペタペタジャムをぬるようにして，ムシャムシャ食べるふりをすると笑っているマサくん。その様子に「こんどはサヤも！」「フミも！」と箱積み木に横になってつぎつぎにパンになったり，食べたり，ジャムをぬるのを楽しむ姿がありました。その姿を見て，次々パンになる友だちに，保育者の側に来て同じようにジャムをペタペタとぬってムシャムシャと食べるまねを楽しむマサくんの姿がありました。

　このエピソードに登場するマサくん。日頃は好きな遊びがなかなか見つけられず，自分の思いが受け止められないと感じると攻撃的になるなどの姿が目立っていました。また，一度泣き出すと，保育者が思いを代弁したり，「マサくんの気持ちはわかったよ」と伝えたりしてもまったく耳に届かず，泣き続ける姿が多くあったようです。そんなマサくんに対するこれまでの保育者の主な働きかけは「マサくん，みんなまだ遊んでいるよ」などの，遊びを壊していった行動を止めるようなものでした。しかしそのことばかけでは，そこからマサくんと保育者のすっきりしないやりとりが続き，結局伝えたいこともマサくん本人に伝わりきらず，保育者との関係もぎくしゃくすることが多く，また，みん

▷10　細江由起子・丹羽淳子（第二めいほく保育園：名古屋市）（2008）．2008年度2歳児クラス保育実践記録．

なで楽しめていた遊びも壊れてしまっていたとのことでした。

　これまではなかなか友だち同士での遊びに踏み出せなかったマサくん。「できる－できない」の2つの世界を比べて気持ちが揺れるなか，「一緒に楽しく遊べない」ことをマサくんなりに見通したからこそ，気持ちが後ろ向きになってしまったのかもしれません。そこでマサくんはもちろん，他の子どもたちも，そして保育者も楽しい気持ちになれず，伝えたい思いが伝わらないことに悩んだ保育者は，エピソードにあるように，子ども同士をつなげながら新たな遊びの展開に誘い，そのきっかけづくりをするという方向に自らの働きかけを変更します。

　このエピソード，そして保育者の働きかけから，私たちは次のことを学べるでしょう。それは「できる－できない」の間で「できない」思いが自覚されたがゆえに次への一歩を踏み出せないことがあるこの時期には，「○○ちゃんの気持ちはわかったよ」のように思いを受け止めことばにすることから，もう一歩踏み込んだ援助があり得るだろうということです。「できる」との対比のなかで「できない」がはっきり思い浮かぶがゆえに，それが前に進む際の壁になることもあるのでしょう。ここから考えると，この時期の子どもが求めているのは，エピソードにある実際の遊び場面におけるきっかけづくりなど，子どもの思いを実現するための，大人による具体的な援助だと思われます。「友だちと遊びたい。でもうまくできないかもしれない……」という思いに対し，遊びを具体化するような少しの援助が添えられることで，「できない」の自覚が「できる」の自信へと変わる可能性が芽ばえます。そこで感じられた楽しさは，「子ども－大人」の2つの世界を比べ始めたこの時期の子どもたちの，子ども同士の世界への興味の背中をさらに押すことになるでしょう。

　この時期の「できる－できない」の2つを区別する力は，「大きくなった自分－まだ小さい自分」の自覚と言いかえられます。強く自己を主張し，自信をもって前に進む姿は，いわば3歳児の「表」の姿かもしれません。大きくなった自分が一通りの物事に取り組み，実際はともかくとして主観的には「できる」ことに喜びを感じる時期であることを考えると，保育や普段の生活のなか

に「大きくなった自分」を存分に自覚し，発揮できる場面を準備したいところです。ただしその姿はこれまで述べてきたように，見通しがはっきりしたからこそ時には「できないこと」が壁になる，という3歳児の「裏」の姿とまさに"表裏一体"のものでしょう。「表」の姿とともに歩みつつ，時折顔を出す「裏」の姿を具体的に理解しさりげなく支える働きかけが，この時期の大人に求められるのではないでしょうか。

(2)「話しことば」の展開
①やりとりでふくらむ"一緒"の楽しさ

さて,「表象」に引き続き3歳児の姿を形づくるもう1つの要素としてあげられるのは，この時期が話しことばの展開期だということです。

思いが実際のことばとして"離陸"する前に，「アノネ，アノネ，アノネ……」などのたくさんの助走が必要である2歳台は，「情余りてことば足らず[11]」の時期と呼ばれます。話したい思いばかりが先行するものの，まだそれがうまくことばにならないそのような時期を経て，この時期の子どもは少しずつ気持ちの乗った「語り」としてのことばを成立させていくのでしょう。それらのプロセスをたどった後，3歳児のことばは，最終的には反抗期の1つの形として，ときに大人に対する「ヘ理屈」にまで成長していきます。

> 【エピソード4-5　え，本当……!?】
> 3歳を過ぎたユウちゃん，もう床に就くはずの時間は過ぎたのに，まだ子ども部屋でゴロゴロと……。しびれを切らしたお父さんに「もう寝ろよ！」と言われ，返したことばは「いま，本，見ていたところなの！」……ホントかいな!?　目線の先にたまたま本棚があっただけのような……。

たとえこのような「言い訳」であれ，自身の思いを何とか説明しようと試み，主観的にはそれができている姿には，ことばが新たな一歩を踏み出した様子を

▷11　播磨俊子（1988/2005）．子どもの発達・子どもの世界．法政出版／三学出版．

写真4-4　みんなで「ニゲロ〜！」

感じとることができます。「大きくなった自分」の自覚の成立とも結びついて，自らの状態や考えを説明する道具としての話しことばを自分のものにしつつある時期なのでしょう。

　さて，この話しことばは，これまでに述べた「自分のことを話す」という面はもちろん，友だちとの具体的なやりとりにおいても展開していきます。次のエピソードは，ある保育所の3歳児クラス，春から夏にかけての子どもたちの様子です。

【エピソード4-6　やりとりがつながって芽ばえる楽しさ】▷12

　当初は一緒の遊びがなかなか続かず，夢中に遊びこめないこともあったあおかば組16人の子どもたち。オオカミ対コブタのイメージでの，保育者を交えた追いかけ遊びを通して"一緒の楽しさ"をいっぱい感じたことで，保育者だけでなく友だちとの関わりも増えてきました。

　そんな5月のある日，散歩へ行く道中の出来事です。木が茂っていて，下に続く階段があり，ちょっぴり不気味な雰囲気もある場所に近づいたところ……「ネェ，ミテ！　ナンカカイダンガアルヨ！」と思わず誰かがひとこと。「あ，ほん

▷12　鈴木理恵（第二そだち保育園：愛知県春日井市）(2006). 2006年度3歳児クラス保育実践記録.

第4章　そばにいたきみから　ひとりで歩むきみへ

とだね。階段の下には何があるんだろうね？」とすかさず保育者が尋ねると「オバケガイルンジャナイ？」の声。保育者の「おばけ！？　じゃあ，おばけの声聞こえてくるかな……？」の声でみんな一斉に静かになりました。

　その時，ナッちゃんが少し小さな声で「ドロドロドロ〜」……「あっ，今何か聞こえた！」と保育者。すると子どもたちが次から次へと「ドロドロ〜」また別の子も「ドロドロドロ〜」……「ほら，どろどろ〜って聞こえたよ」の保育者の声に「ドロドロ〜ッテ，オバケジャナイ？」とユキちゃん。「オバケ」のひとことにふと我に返った子どもたち「キャ〜，オバケコワイ〜！！」と叫びながら逃げ出す。保育者も「大変！　逃げなきゃ！！」……子どもたちも「キャ〜，ニゲロ〜！」と……。

　まだまだ子どもだけでは互いの様子に気づけなかったり，イメージを共有できなかったりする姿もありますが，このように，一人の子どもが言った言葉を保育者が拾って周りに伝えることで，"なに，なに？"と友だちに目を向け，同じイメージで楽しむ子どもたちの姿も出てきました。その姿を大切に，様々な遊びを繰り返すことを通じて，"いいものあったね""一緒だね""楽しいね"と，友だちと遊ぶ楽しさ・心地よさを感じられるように働きかけました。そのなかで，子どもたちがそれぞれのイメージをもち，それを2〜3人の友だちと共有しながら遊ぶ姿も増えていきました。

　そして"友だちと一緒って楽しい"という楽しさを子どもたちが感じ始めた夏頃，食後などのちょっとした時間帯には，保育者が入らなくても子どもたちだけでイメージを共有しながら楽しむ姿が多く見られるようになりました。特に，「お医者さんごっこ」と「誕生日会ごっこ」が大盛り上がり。そして不思議なことに，この「お医者さんごっこ」「誕生日会ごっこ」をしている時は，まったくと言っていいほどトラブルが起きませんでした。見ていると，普段ならトラブルになりそうな場面もあるものの，お互いにうまく譲り合ったりしていました。それだけこの遊びが楽しいんだろうなあ，と感じたと同時に，保育者が入らなくても子どもたちだけで考えながら楽しむ姿に，"ちゃんと子どもたちは成長しているんだ"とうれしく思いました。

　このエピソードにあるように，当初は追いかけ遊びのなかで友だちと"一緒に逃げる"動作の楽しさを満喫していた3歳児クラスの子どもたち。保育者が遊びのなかでの子どものことばを意識的に拾い上げ，他児につなげる働きかけ

を重ねることで，ことばをベースとして同じものを見立てることが可能になると同時に，それによる楽しさへと徐々に目が向いていきました。さらにそれは，同じ流れをイメージしやすい「お医者さんごっこ」「誕生日会ごっこ」などの遊び（本章 p. 193.「（3）『台本』『道具』のある環境を」参照）において，子ども同士だけでことばを駆使してやりとりし，遊びを楽しむ姿へと深化していきました。

　これまでは主に，「同じ動作」などの身体的な水準をベースに「一緒の楽しさ」を感じていた子どもたちの関係は，徐々に話しことばの水準をベースにした「一緒の楽しさ」へと変化していきます。そのように，この時期に実際のやりとりにともなって話しことばが展開することは，子ども同士で共に過ごす時間と，それによって芽ばえる世界をよりいっそう後押しすることでしょう。それは単に子ども同士で一緒に過ごせば自然に芽ばえるということではなく，"共に感じ，ことばにする楽しさ"を生み出す存在となる大人がそばにいて，子どものことばに耳を傾け，それを周りの子どもたちに伝えてこそ，より豊かになっていくものと思われます。

　②子ども間のやりとりを支える大人の役割

　これまで述べてきたように，話しことばの展開期であるこの時期には，友だちと一緒に過ごす楽しさをより強く感じられる可能性を考えることができます。しかし一方で，「友だちの立場では〇〇」ということを，自分の頭で具体的に考え行動に反映させるのは多くの場合まだ簡単ではありません。「スマーティー課題」「サリーとアンの課題」に代表される「心の理論」[13]に関する発達心理学の実験を通じて繰り返し示されているのは，3歳児にとって「相手の立場」に立って問いに答えるのは多くの場合まだ難しいということです。では，この時期の子どもの生活における友だち関係に，このことは実際にどのような

▷13　心の理論（Theory of mind）：相手の行動の背景にある気持ちを推察する能力のこと。表面に現れる行動には背景となる思い・信念があり，かつそれが一貫していると理解する力のこと。「スマーティー課題」「サリーとアンの課題」の達成に必要とされる，目の前にいる相手の信念を推測する能力は"1次的信念の理解"と呼ばれ，おおむね4歳頃に達成される。

第4章　そばにいたきみから　ひとりで歩むきみへ

姿として現れていくのでしょうか。幼稚園3歳児クラスにおける，次のエピソードを見てみましょう。

【エピソード4-7　3歳児のトラブルと向き合う】▷14

　まわりの見えて来た子どもたちは，泣いている子どもがいると，とんでいって，「だれにやられた？　やっつけてやる！」と，いきまく。泣かした子をポカリ！正義のためなら手段を選ばず自分のしたことを正当化してしまう子どもたちです。
　やはり保育者が入らないと，なぜぶつかりあいがおきたのか，原因がはっきりせず，どうしたらよいのか解決方法もわからないまま暴力がはびこり，また，泣くが勝ちという状態になってしまいます。
　砂場でシャベルをとりあっていたはじめとひでおの問題を集団鬼ごっこが一段落したあと，子どもたちと話し合ってみました。
　「どうして，はじめくんとひでおくんは，砂場でけんかをしていたの？」
　ふたりは，しばらく黙ってにらみあっていましたが，「僕が使っていたシャベルを，はじめくんがもっていっちゃった」と，ひでおがボソボソと話し始めました。
　「だって，シャベル，砂場におっこちていたんだよ。だから，ぼくが使ったら，ひでおくんがたたいてきたんだよ」とはじめが抗議します。
　3歳児のぶつかりあいは，このようにお互いの思っていることが言葉でうまく言い表せず，自分の感情のおもむくまま，いきなり，なぐる，ける，つかみあうという行動に出てしまいます。
　ふたりの場合，自分の思いをあくまで押し通そうとした点では，黙って要求を引き下げたり，泣いてあきらめてしまうよりたのもしい子どもたちです。しかし，自分の思いを言葉で言えなかったり，相手の気持ちをたしかめられなかった点では，やはり指導が必要です。
　「ひでお君は，はじめ君をたたいたけど，どうすればよかったかな」「『これ，ぼくが使っていたんだよ』って言うの」「そうだね，そう言われたら，はじめ君は，なんと言ったらいいかな」「『かして』って，言う」「ひでお君が使っているのではない他のシャベルをさがすの」「もし，なかったらジュンバンに使うの」と，子どもたちなりに解決方法を見つけ出していきます。

　このエピソードにもあるように，やりとりがつながり「一緒の楽しさ」を確

▷14　宍戸洋子・勅使千鶴（1990）．子どもたちの四季──育ちあう三年間の保育．ひとなる書房．

かめ合える時期だからこそ，3歳台の生活において子ども同士の衝突は後をたちません。そのようなトラブル場面では，まだまだことばでのやりとりによる解決ではなく「力勝負」の様相を呈することが多いのではないでしょうか。この姿が生じるのは，「頭ではわかっているが，行動に移しそれを持続させることはまだ難しい」という，「思考」に基づく行動調整力（本章 p. 182.「（3）『行動調整』の難しさゆえに」参照）が発達途上であることも関連すると考えられます。相手の様子がまったく見えていないわけでも，思いやる気持ちがまったく育っていないわけでもない。それを「いつも適切に」「継続して」発揮できるとは限らないことが，このエピソードの姿につながっていると理解する必要があります。

　この時期の思考の特徴をふまえると，たとえばモノの取り合いなどの子ども同士のトラブル場面で，争いの起きた理由を自分自身の力だけで適切に捉えることは多くの場合難しいものと思われます。話しことばを徐々に使えるようになっているとはいえ，それの根拠となる判断は「見た目」にとらわれ，表面的なものになりがちです。このような場面では，エピソードにおける保育者のように，子どものやりとりを大人がことばで支え，問い直すことに一定の意義があるでしょう。「『ごめんなさい』と言いなさい！」のように，大人が頭ごなしに結論を与えるのでもなく，一方で「子どもたちに自分で考えさせ，解決を見守る」のでもなく，友だちの思いを感じ取れるような援助を大人が意識的に行うことが，この時期の子どもの世界を支え，友だちと一緒に過ごす楽しさを形にする働きかけと言えるのではないでしょうか。

（3）「行動調整」の難しさゆえに
①「今」を手がかりに
　「表象」の定着と「話しことば」の展開に加えて，3歳児の姿の土台となっているのは，「行動調整」の力が発達途上であることに関わる問題です。3歳児の思考および行動の特徴は，たとえば次に示すような課題場面においてはっきりと読み取ることができます。

第 4 章　そばにいたきみから　ひとりで歩むきみへ

写真 4-5　言語による行動調整機能課題

　はじめに赤と黄のおはじき、おはじきを入れるビン、赤と黄のラベルを貼ったカードを用意し、子どもに「赤いカードが出たら、黄色のおはじきをビンに入れてね。黄色いカードが出たら、こんどは赤いおはじきをビンに入れてね」と指示します。子どもにそれを復唱させて理解を確認した後、ランダムな順序でカードを示し、課題に取り組むよう促します。この種の課題は、一般に「言語による行動調整機能課題」と呼ばれるものです。

　さて、子どもたちの様子を見てみましょう。4歳過ぎのレンちゃん、自分で考え、指示どおりスムーズに成功しました。3歳3ヵ月のヨウちゃんはどうでしょう。指示をスムーズに復唱して「ウン、ワカッタ！」と勢いよく取り組み始めたものの、赤いカードが出ると目の前のそれに惹きつけられたのか、思わず赤いおはじきを手にして照れ笑い。その後指示どおり成功できたかと思いきや、課題を続けるなかで徐々に判断に自信がなくなった様子のヨウちゃん。「コレデイイ？」と大人に聞いたり、大人に聞くともひとりごとともとれるような調子で「ドッチカナー」と言いながら、大人をちらちら振り返ったりしています。最後には指示を無視して、残ったおはじきを全部いっぺんにビンのなかへ……。

　ここで問題となるのは、単なる課題の出来-不出来ということではありません。このエピソードに出てくるヨウちゃんを代表に、3歳台においては、大人

183

とのことばでのやりとりのうえでは確かに「わかった」と口にしたはずなのに、いざ課題が始まるとわからなくなってしまい、結局は見た目にとらわれて行動する姿を目にすることができます。一時的に思考を手がかりに行動をコントロールできても、その持続は難しく、目の前で今、展開されている場面に視覚的に影響を受けてしまうのがこの時期の思考の特徴だと言えるでしょう。「今、ここ」の世界を手がかりに行動すると言われるゆえんです。

　一方、この「今、ここ」を軸として行動する力とは、目の前の何かに可能性を感じた時、迷わずそこに飛び込んでいく力として言いかえることができます。それは、いわば思考に基づく行動調整の世界へと踏み出していないからこその産物です。思考に基づく行動調整、すなわち「自己コントロール力」が発達途上ゆえに、この時期の子どもは「大きくなった自分」の自覚とそれを語るツールである話しことばを支えとして、自らの世界に自信をもって振り返ることなく前向きに進んでいくことができるのでしょう。先に述べた「未来へ踏み出す3歳児」の姿には、このような背景があると考えることができます。

　子どもの発達過程のなかでは、「できない」ことが大きな意味をもつことがあります。振り返らない「未来志向」ゆえの3歳児の徹底した明るさに、そばにいる私たち大人の気持ちが救われることもあるのではないでしょうか。

②目の前の"雰囲気"の充実を

　さて、先述のような課題場面で、見た目にとらわれずに行動を調整できるには、「内言」[15]を使って考え、行動を調整する力の発達が深く関わっていると考えられます。この内言が機能することで可能になるのは、心のうちで「考える自分」と、実際に「行動する自分」の区分です。運動会で「がんばれー！」と

▷15　内言（inner speech）：音声をともなわない心のなかの発話のこと。思考や行動調整の機能をもつ。幼児期に見られるひとりごとについて、ピアジェは自己中心性（p. 166. 参照）の現れと解釈したのに対し、ヴィゴツキー（Vygotsky, L.S.）はそれが外言（音声をともなう発話。コミュニケーションの機能をもつ）から内言への移行期に出現すると指摘した。つまり課題場面で「ひとりごと」が頻発する時期とは、子どもが徐々にことばを使って考えようとしている証として捉えることができる。

応援され，本当はそちらを振り向きたい。でも，今は見られている場面なのだから，振り向かずぐっと体に力をこめよう……。応援されることでより力が入るのが 4 歳児以降の典型的な姿であるのに対し，3 歳児までは，応援の声についつい手を振り返すようなほほえましい姿も少なくないでしょう。しかしながら，大人から声をかけられて振り向かない，というのは，考えてみればずいぶんと奇妙なことです。子どもはそれまでの人生において，大人からことばをかけられる時は基本的に「こっちを向いて！」というメッセージを同時に感じてきたわけですから。すなわち，声援を本当の意味で力にできるとは，内言の機能を用いて「考える自分」と「行動する自分」を区分した 1 つの証として考えることができるでしょう。一方，声援に手を振り返す 3 歳児にとっては，「考える自分」と「行動する自分」はまだ一体的です。よって，生活のなかでは目の前の場面に影響を受けての行動が多くなることでしょう。

　ここからはさらに，3 歳児の行動の特徴として，"練習"すなわち「今」はできなくても頑張ろう，と振る舞う，別の言い方をすれば「できないこと」を自ら繰り返す行動はまだ少し難しいだろうことが導かれます。先の例と同様に，子どもはそれまでの人生のなかで「何かをやってみて，うまくいかなかったらやめる」ことを当然のように積み重ねてきたはずです。これに対し，「やってみて，できなかったけどもう一度！」と自ら心のうちで繰り返し，頑張るためには，「考える自分」が「行動する自分」に言い聞かせることが不可欠です。そのような力が発達途上である 3 歳児は，「できないことを繰り返し，頑張る」にあたって，他者すなわち大人による支えを必要とするわけです。

　この特徴をふまえると，この時期には大人がことばで説明し，「今はしんどいけど頑張る」ことを子どもに要求する以上に，子どもがつい心ひかれて楽しみになるような雰囲気づくりや，それを支える具体物を目に見える形で充実させていくことがポイントになるでしょう。「考える自分」と「行動する自分」の区分がまだ十分でないこの時期の子どもは，自らがまだ経験したことのない「もし，××だったら……」の先を具体的に思い浮かべること，「見えないこれから」を今の自分と結びつけて的確に捉えることなどは難しいものと思われま

す。散歩の途中では「疲れた〜」を連発していたはずが，目的地の公園が見えると一挙に走り出す3歳児。その力がどこに残っていたのか……そんな3歳児には，見えている「今」を充実させる働きかけこそが，結果的には後々の見えない未来への土台となるものと思います。

　園生活における「見えないこれから」に向けて臨む活動の代表としては，運動会などの諸行事が思い浮かぶことでしょう。ここからは，3歳児にとっての行事は「頑張らせる」のではなく「楽しく参加し過ごす」こと自体を大切にしていく必要があると考えることができます。そこで子どもの「楽しさ」を生み出す鍵となるのは，先にも述べたように，この時期に充実する表象そして見立ての世界に媒介された，友だちと一緒に過ごす楽しさになるでしょう。「今はしんどいけど頑張る」ではなく，今，一緒に取り組めることの楽しさをかみしめられる雰囲気にあふれた共通体験として「行事」を成り立たせる働きかけが，この時期の子どもにとって大きな意味をもつのではないでしょうか。

　これまでの部分で，3歳児の姿を支えるメカニズムと，それをふまえた時の大人による働きかけのポイントの概要が見えてきたものと思います。それを具体化し，3歳児の生活をより充実させていくためには何ができるでしょうか。おしまいに，そのための試みについていくつか例をあげて論じてみましょう。

③　3歳児の生活を支えるために

(1)「続き」を保障する：子どもの選択を尊重するために
　①「どっちもヤダ！」に隠された心
　表象の芽ばえから「イヤイヤ期」とも呼ばれる1歳後半〜2歳頃の子どもに対しては，よく「(右と左) どっちにする？」のように，子どもに自分で選ばせることが大事だと言われます。しかしながらそのようなやりとりをしばらく繰り返す時期を経て，「どっちもヤダ！」と返され，答えに窮する場面が出てくるのがこの頃ならではの特徴かもしれません。よく耳にする「どっちもヤダ！」のことばを介して，子どもたちは私たち大人にどんな思いを伝えようと

写真4-6 「イヤイヤ」の裏には……

しているのでしょうか。

　そもそも「イヤイヤ」に対する「どっちにする？」という働きかけは、子どもにとってどのような意味をもつかを理解するところから始めてみましょう。第2章や第3章にもあるように、「イヤイヤ」の出現は、選択に子どもなりの意味や意志が出始めることと表裏一体です。子どもが自分で選ぶことは、そのような自分なりの思いを実現する大切な過程だと考えられます。その一方、大人が働きかけていた時にはあれだけ着替えを「ヤダ」と主張していたはずの子どもが、寄ってきた友だちの支えにふと気持ちが変わるとあっさり着替えるなどの姿もあるでしょう。大人からすれば「さっきの自己主張は何だったのか」と拍子抜けしてしまうことも少なくないのではないでしょうか。

　ここから読みとれるのは、「イヤイヤ」の裏に隠された要求の存在です。そこには、「△△がしたい」という、自分の思った行為を実現したいという要求も確かにあるのですが、それ以上に「指示されるのはイヤだ」という思い、言いかえれば自立の要求とも言うべき存在があるものと思われます。この頃の子どもと向き合う保育者から、同様の場面で「ひとりでする？　自分でする？」と問いかけたところ、子どもが「自分でする」と納得してくれたという話を耳にしたことがあります。「ひとり」でも「自分」でも、指しているのは当然同じことです。しかし、この笑い話のようなやりとりで子どもが納得したという

187

ことからは,「イヤイヤ」の裏には私たちが考える以上に,自分で決められるようになった,大きくなった自分の思いを受け止めてほしいという子ども自身の本質的な願いがあると読み取ることができます。

　さて,このことをふまえたうえで,「どっちもヤダ！」に託された思いについて再度検討してみたいと思います。「どっちにする」とせっかく子ども自身に選ばせたのに,そのような返事が返されるのはなぜでしょうか。それはもしかすると「『イヤイヤ』の時期には選択肢をつくることでうまく関われる／切り抜けられる」と,いわばマニュアル的に考えた大人の心が見透かされたからかもしれません。それは,表面的には自分で選べているようで,自分の思いを十分尊重されていないことに気づいた子どもが,大人に向けて「(自立しつつある,大きくなった自分を)尊重してほしい！」と発したメッセージとして受け取れないでしょうか。ワンパターンな選択をさせることになっていなかったか,形式的に選ばせてとりあえず「うまくいく」ことでよしとしていなかったか。そんな時は,私たち大人の方が自らを省みることを求められているのでしょう。

　②大きくなった「きみ」を受け止めたことを,見える形で

　ここから考えると,特に2歳台から3歳にかけて多く見られるであろう「どっちもヤダ！」のメッセージが発せられる時期には,「きみを尊重しているよ！」という大人の思いを,いかに子どもに見える形で示すかがポイントになると思われます。このことと関連する,次のエピソードを見てみましょう。

【エピソード4-8　子どもの方から"ツヅキニシテイクワ！"】[16]

　生活の変わる場面でなかなか遊びに区切りがつかないのも,2歳児クラスではよく聞く話です。よーく様子を見ていると,やっと長くつなげた汽車を壊してごはんに行くのは……とか,すごく遊びがのっているのに……など,子どもたちの心の葛藤が伝わってきます。「遊びの続きは,ご飯食べて,ねんねして,おはようになったらできるよ。でも,ご飯は今しかないんだぁー」など,声をかけて見通しをもたせたりする働きかけもしますが,子どもの気持ちもわからないではあ

▷16　富田靖子・松木亮太（さざんか保育園：名古屋市）(2007). 2007年度2歳児保育実践記録.

第4章　そばにいたきみから　ひとりで歩むきみへ

> りません。どうしよう……。
> 　そこで，たとえば長くつなげた汽車を，布団をしくのに邪魔にならない場所であるテーブルの下に「ここのトンネルのなかでお昼寝して待っていてもらったらどう？　"つづき"って言うんだけど……」と提案すると，わりと納得してごはんに向かってくれる子どもたちでした。結局「続き」といっても最近までは，そんなに子どもの方にもこだわりのない様子でしたが（それで，後から様子を見て片付けてしまう），秋頃からは，子どもの方から「ツヅキニシテイクワ！」と言うようになっています。

　大人によって定められた選択肢を「右と左どっちがいい」と提示されるのに比べ，この場面では，行動そのものをどのような形で続けるか否かの選択が子どもにゆだねられていることが特徴です。一般に「自由」について学術的観点から議論される際には，よく「消極的自由」と「積極的自由」とが区別されます。このうち「積極的自由」とは，単なる「○○からの自由」と異なり，当人が主体的に決定するという考えが加味された自由のことを指します。エピソードにある，「今」の遊びに区切りがなかなかつかないものの，その後遊びを実際に続けることは多くない姿からは，この頃の子どもの要求が遊びそのものではなく，「それを続ける」と自己決定したいという点にあることがわかります。ここから考えると「どっちがいい」では飽き足りないこの時期には，いわば「積極的自由」を子どもの世界にいかに保障するかが問われているのだと言えるでしょう。

　また，それにあたっての具体的な工夫としてこのクラスで導入されているのは，「大事ボックス」と名づけられた，それぞれの保護者によって手づくりされた箱だそうです。大事ボックスは普段，個人用ロッカーの下の段に置かれ，園で保育者と一緒につくった"Myマイク"やバスごっこのカード，"Myお絵かき帳"や塗り絵帳，折り紙でつくったモノなどが入ります。時には，登園時の"心の杖"として家からもってきたおもちゃがそこに入ることもあるようです。この「大事ボックス」は，エピソードのような場面で「続き」をとっておくスペースとなるのはもちろん，ひと遊びした子どもが「次は何をやろうかな

あ……」と考える際にボックスをじっとのぞきこんだり，友だちの遊びに心ひかれ，同じおもちゃをボックスから取り出して遊びに加わったり……と，子どもたちが遊びこむきっかけとしての役割も果たしているとのことでした。

　「大事ボックス」が子どもの目の前のよく知っている場所に準備されている環境は，「続けるか否か」を子どもが主体的に決定する状況を，より明確に保障する取り組みとして理解できます。加えて，安心できる「自分のモノ」のなかから，自ら主体的に遊びを選ぶことを可能にする「大事ボックス」は，この時期の子どもの豊かな時間を支えるのに欠かせない存在だと思われます。

（2）「悪いことば」を問い直す：ことば足らずの時期だからこそ

　ことばを自立して使い始め，コミュニケーションの実質的な道具として機能させ始めたとはいえ，この時期にはまだその力が十分育っているとは言えません。先にも述べたように，「情余りてことば足らず」と言われる時期ゆえに，自分の思いを的確にことばで表せない場面も多いでしょう。「ダメ」「ヤダ」「キライ」など，大人からするとどきっとするような「悪いことば」が頻発し始めることも，その現れの1つではないでしょうか。次に示すのは，そんな姿が描かれた保育所2歳児クラスでのエピソードです。

【エピソード4-9　その1：「キモチワルイ」にどきっ！と】[17]
　昼寝から起き，箱積木コーナーで何やら乗り物をつくり，そこに乗り込んでショウ（3歳3ヵ月）・ケイ（3歳6ヵ月）・アキ（3歳3ヵ月）が「トミカの絵本」を見ていました。その絵本はアキがお昼寝で寝る時の本として選んだものでした。楽しそうに会話がはずんでいました。
　そこへ，ヒロ（3歳1ヵ月）が起きぬけた姿で登場．様子をうかがっています。しばらくすると「ヒロモ，イーイ？」とみんなに。すると「イーヨ」と答えるショウ・ケイに対し，「アキハ，ダメー！！」と口にするアキ。一瞬にしてその場の雰囲気がぎゅっと緊張した感じになりました。

[17]　富田靖子・松木亮太（さざんか保育園：名古屋市）(2007). 2007年度2歳児保育実践記録.

第4章　そばにいたきみから　ひとりで歩むきみへ

　どうしようかな，なかに入った方がいいかな……と保育者が思っていたところ，子どもたちが話し始めます。「ナンデダメナノォー？」とショウ。アキは「ダッテ，ダメダモン！」と反論。「ヒロモイイジャン！！　痛イコトシテナイモン」と続けたショウに，アキは言い返します。
　「ダッテ，アキ，ヒロノコト，気持チ悪イモン！」
　「ダッテ，グチャグチャシテナイヨォ。『イレテ』ッテ，言ッタジャン！」とショウ。ケイも入って「ケイチャンモイインダケドナァ……。ヒロ，今日ハ，悪イコトシテナイカラサァ」と。アキはブツブツ言いながら下を向いて不機嫌に……。
　保育者は「どうしよう……」と考えていたが，そろそろ出番かも!?　と出ていくことにしました。「えっ，どうしたぁ？　何かあったぁ〜？」と言う保育者に対し，子どもたちが次々と話します。「アキガ，ヒロノコト『ダメ』ッテ言ッチャウンダヨォ」とショウ。アキは「ダッテ，ヒロ，気持チ悪インダモン」と……。ヒロも「ヒロハ，気持チ悪クナイ！」と反論。しまいには「気持チ悪イワ！！」「気持チ悪クナイ！！」と言い合いに……。

　話しことばの世界に入りつつあるこの頃，大人としては少々ドキッとさせられるこのような場面に出くわすことも少なくないでしょう。そんな時，私たちは思わず「そんな悪いことばを使ってはダメ！」と制止したくなるのも無理のないことだと思います。ところがこの場面において，保育者がとった対応はそれとは異なるものでした。

【エピソード4-9　その2：「キモチワルイ」ってどういうこと？】
　「そっかあ……。で，アキの『気持ち悪い』ってどういうこと？」
　保育者はアキにたずねてみました。すると「『イヤ』ッテコト」と答えが返ってきます。「そっかあ。いやってことねぇ……。いやってことは，何かヒロがいやなことをするんだぁ？」とさらに聞いてみると，「ウン，イッツモ『バカー』ッテ言ウシネー，『イレテ』モ言ワナイシネー……エート……エート……恐イッテコト」と説明してくれました。「わかった！　こういうこと？　ヒロさぁ，アキたちの仲間に入りたい時『イレテ』って言うの忘れたりするから，びっくりしちゃうんだぁ。それで，そういう時『バカー』って言ったりするから，アキ，恐くなっちゃうんだぁ……」と言う保育者に，アキは「ウン，ソウイウコト！」と納得した様子でした。

191

そこへヒロが一言。「デモ，今日『バカー』ッテ，言ッテナイ」と……。
　「えっ，ヒロちゃん，今日『バカ』って言わなかったのぉ?」と驚く保育者に，「ウン。ソーダヨ。ヒロ，『バカ』ッテ言ッテナイノ。……デ，ショウハイイノ」と言葉を継ぐショウ。ケイも「……デ，ケイチャンモイイノ。ソレニネー，『イレテ』ッテ言ッタンダヨ」と教えてくれます。「あっ，そうなんだぁ……。じゃあ2人は，ヒロちゃんと一緒に遊んでもいいんだぁ」とたずねると，「ウン」とうなずくショウとケイでした。
　保育者はヒロに「ねえ，ヒロちゃん，もう1回『イレテ』って聞いてみたらどうかなあ?」と働きかけてみました。「イレテェー」と言うヒロ……すると3人が「イーヨ」と……。
　「ヒロちゃん，よかったよぉ。うれしいねえ～」と口にした保育者の前で，「ヒロー，『バカー』トカ，言ワンデヨ」「ウン，ワカッタッテ～」と楽しそうに話すアキとヒロ。ほっ! 何とか無事に解決しました。4人で絵本を楽しく見始めた様子に，ヒロ，うれしかっただろうな……と，ジーンときたし，ショウやアキにも成長を感じた場面でした。

　このエピソードで保育者のとったアプローチは，アキちゃんの「キモチワルイ!」のことばをそのまま受け止め注意・制止するのではなく，「どういうこと」と問いかけることで，ことばにこめられた本当の思いを引き出そうとすることでした。その結果，アキちゃんは自分の思いを口にすることができ，ヒロちゃんを含む友だちとの新たな時間を手に入れました。これは，子どもの思いをくみ取り，ともに歩もうとする保育者の働きかけがあって，初めて形になったものだと言えるでしょう。この頃の子どもの「情余りてことば足らず」な姿とは，自分の思いをまだ的確にことばにする力が十分ではない状態のことだと理解できます。つまり，この時期のことばは，一見大人と同じような表現であったとしても，そこに託された意味はまったく異なる可能性をもつわけです。
　大人にとってはほほえましい言い間違いも多いこの時期。そこには，思いをことばにするにあたって，時に支えを必要とする3歳児の願いを読み取ることができます。「悪いことば」を注意しその場でやめさせることは，ある意味たやすいことかもしれません。しかしながらこのエピソードは，そのような場面

第4章　そばにいたきみから　ひとりで歩むきみへ

で大人がその中身を問い直していくことこそが，3歳児の世界を認め，ことばで表現し，伝える力を本当の意味で伸ばしていく第一歩となることを私たちに教えてくれます。

（3）「台本」「道具」のある環境を：「一緒」の喜びを味わうために
　①「台本」のあるごっこを土台に育まれる友だちとの時間
　表象が定着し，同時に話しことばの力が展開することで，友だちと一緒の楽しさを満喫できるようになったこの時期の子どもは，「見立て」や「つもり」を中心とした遊びを思う存分展開させ，友だちと共に楽しむ姿をあちこちで見せてくれることでしょう。「〜してから…する」という順序を頭のなかにイメージして行動できるようになることは，日常生活における自立へと結びつくのはもちろん，遊びの世界においても十分に発揮されていきます。
　「○○ごっこ」が大好きなこの時期の子どもたち。よく見てみると，その遊び方に1つの共通項を見いだすことができるのではないでしょうか。先のエピソードと同じ保育所2歳児クラスの，次のエピソードを見てみたいと思います。

【エピソード4-10　ディズニーランド⁉︎】◁18
　夏の後半頃，ディズニーランドに行った子が，2，3人でつるんでパレードごっこのような遊びを始めました。あんまり楽しそうだったので，それ，もーらった！と，ディズニーキャラクターのバッジをつくり，「これつけると，ほら，ミニーちゃんになれるんだ！」と子どもたちに。すると，とたんに子どもたちから「イレテー！」という遊びになりました。以前から子ども間ではやっていた，ブロックで楽器をつくってパレードに参加したり，Myマイクをもって歌うまねをする子もいて，それいいねー，と，ディズニーからカラオケ大会も始まったりしました。
　ディズニーランドごっこといっても，ある子は犬山モンキーパークだったり，ある子は浜名湖パルパル（※いずれも近隣の遊園地）のイメージだったりするようなのですが，同じバッジ，同じ歌，同じ動き（ダンス）で，「イッショダネー」と顔を見合わせてはにっこり。友だちと遊ぶことがずいぶん楽しそうでした。

この時期の子どもたちが繰り返し楽しむごっこ遊びとして,「遊園地ごっこ」のほかに,「お医者さんごっこ」「レストランごっこ」「保育所／幼稚園ごっこ」「誕生日会ごっこ」などが思い浮かぶのではないでしょうか。このエピソードのなかで,それぞれがばらばらの遊園地をイメージしながらも,遊びがどんどん盛り上がっていく様子は,大人からすれば不思議に感じられるかもしれません。しかしよく考えてみれば,「お医者さんごっこ」や「レストランごっこ」でも,それぞれの子どもが思い浮かべている「お医者さん」や「レストラン」のイメージは異なるはずです。この時期の子どもは表象の展開により,イメージの世界をたっぷり膨らませている一方,遊園地ごっこのなかで,自分の「つもり」はディズニーランド,相手の「つもり」は浜名湖パルパル⁉……といった細かい違いは気にしないようです。「つもり」で仲間と一緒に遊ぶ楽しさそのものが,さらに遊びを盛り上げていくのでしょう。

　では,「○○ごっこ」のなかで子ども同士のイメージを結びつけ,楽しさへとつなげるものは何でしょうか。「遊園地ごっこ」「お医者さんごっこ」「レストランごっこ」に共通するのは,そのいずれにも「台本」と呼びうる一定の流れがあることです。たとえば遊園地ごっこであれば,①チケットを見せる→②一緒に遊具に乗って楽しむ,お医者さんごっこであれば,①お医者さんが問診→②聴診器で「ポンポン」→③注射などの治療,といったものが思い浮かびます。細かな違いは気にせず,同じ流れさえあれば楽しめる姿は,この時期の描画に典型的に現れる「マルのファンファーレ」[19]という表現と通じるかもしれません。内言を用いて振り返り,自らの行動を点検するのはこれからの課題であるこの時期,子どもたちが同じイメージを楽しむために必要なのは,実際に「同じ」イメージであること以上に,子ども自身が主観的に「同じ」だと思え

▷18　富田靖子・松木亮太（さざんか保育園：名古屋市）(2007). 2007年度2歳児保育実践記録.
▷19　マルのファンファーレ:「マル」を大量に描き,それを「○○チャン」「パパ」「ママ」などと名づけるような描画表現のこと。客観的にはともかく,主観的には何かを描いているつもりなのだろう。2〜3歳頃に多く見られ,意図的な表現活動の兆しとされる（本書第3章 p. 127. 図3-1参照）。

写真4-7　つもりの世界で焼き肉ごっこ！

ることなのでしょう。ここから考えると「台本」のある遊びは，遊びにおける一定の流れを思い浮かべ互いに共有しやすい，という意味で，子ども同士のイメージの結びつきを下支えする機能をもっていると理解することができます。

② 「モノ」を土台に育まれる友だちとの時間

　さらに同様の機能を果たすものとして，遊びにおける「道具」の存在を考えることができます。先のエピソードのなかで，子どもたちのごっこ遊びを盛り上げるきっかけになったのは，保育者のつくった「バッジ」でした。またその後の遊びでは，保育者が手早くつくった「遊園地のパスポート」が遊びを盛り上げたと聞きます。「パスポート」とは言っても凝ったものではなく，使用済みのバス乗車カードを白黒コピーしてボール紙の上に貼り，穴を空けてビニールひもを通し，首から提げられるようにした，というごく簡単なものです。しかしながら，その「パスポート」が準備されたことで，子どもたちは相手を，今，一緒に楽しい遊園地を思い浮かべている仲間なんだ，と認識することができたわけです。

　この時期の子どもは，話しことばを機能させ始めたとはいえ，それのみを使って遊びのなかでイメージを展開させ，人間関係を広げていくことはまだまだ難しいのが実情です。そこに，媒介項となる道具やモノが導入されることで，子ども同士は「同じ」イメージをもちやすくなると考えられます。子どもたち

にとっては，このパスポートが仲間と一緒に遊びを楽しむための，まさしく"パスポート"として機能したのでしょう。

　この時期のイメージの世界を考えると，遊びにおける道具は，必ずしもリアルさが追求されたモノではなく「ちょっとした」モノであっても大きな意味をもつように思います。聴診器代わりのヒモ，お皿代わりの大きい葉っぱを少し準備するだけで，お医者さんごっこやおままごとが盛り上がった経験を思い浮かべるみなさんも多いのではないでしょうか。「台本」や「道具」といったレールが効果的に導入されることによって，子どもたちの遊びにおけるイメージが支えられ，その結果互いの思いに気づきやすくなり，友だちと「一緒」の世界をより一層楽しむことが可能になっていくのでしょう。そのような意味で，この時期は私たち大人にとって，手づくりの道具や，グッズのつくりがいがあるかもしれません。たとえ手づくりが"苦手"な大人の挑戦であっても，子どもたちは快く受け入れ，遊びのなかで大いに活用してくれることでしょう。

（4）ひとりで歩む「きみ」へ

　本章で扱った2歳後半から3歳台のうちに，子どもたちは「大きくなった自分」として新たな世界に踏み出していきます。「ジブンデ！」「○○ハ，イヤ！××ガイイ！」という強い自己主張が目立つ反面，ふとした瞬間に寂しくなったり，できなくなったりして大人の助けを求める姿も多いのが現実です。ひとりだちの時期とは言っても，実際には支えてみれば「離れろ」といい，離れてみれば「支えろ」という日々の繰り返しかもしれません。この「自立の3歳」であることが確かな一方で，でもまだ「大人が必要」という側面が両立しているところにこそ，この時期の子どもの魅力があるように思います。

　これまでに本書では，0～3歳の発達と生活のさまを順次たどってきました。それは主には大人が子どもを助け，支え，育んでいく営みだったと言えるでしょう。しかしながら子どもは，発達するなかでそれを乗り越え，最終的に大人から離れるという形にその姿を結実させていきます。そう考えると発達を可能にする豊かな保育・子育てとは，「思い通りにならない」子どもを支え導くこと

第4章　そばにいたきみから　ひとりで歩むきみへ

で，大人の思い通りに育てることをゴールとするものではなく，むしろ大人にとって「思い通りにならない部分」を子どものなかに増やしていくための努力だと言えはしないでしょうか。ヒトは歴史のなかで，そのような努力を繰り返すことで，先の世代が残したものを乗り越えて前に進み，一歩ずつ新たな可能性を手に入れ，幸せな生活を実現させてきたのでしょう。

　本章で扱ってきた3歳という時期は，そのような「ヒト」という種が長い間育んできた可能性を，個体発達という水準において強く感じさせられる時期でもあるように思います。大人の支えを強く求めながら，最後はそこから離れゆく……3歳児のパラドキシカルな一歩は，子どもと大人の関係においても，これまでにはない，新たな時間の始まりを表しているのです。

学びのガイド

◉この時期の子どもたちについてもっと知りたいあなたへ

　3歳児の発達についてまとめられた文献のなかで，必ずと言っていいほど目にするのは「自己中心性」というキーワードです。これはもともと，幼児期全体の認知の特徴を示す用語ですが，3歳児はその特徴が典型的に現れる時期として考えてよいでしょう。また，4歳児との対比で言えば，3歳児は「内言」「心の理論」「自己コントロール」「自己抑制」が未発達な時期として特徴づけられます。本章で紹介した「言語による行動調整機能」に関する実験は，これらのキーワードと深く関連します。「発達心理学」を冠した文献やハンドブック，辞典等でこれらを調べることで，この時期の子どもが心理学的観点からどのように描き出されているかを学ぶことができるでしょう。

　また，記憶に関する研究からは，3歳児までは「幼児期健忘（childhood amnesia）」と呼ばれる，大人になってから記憶をたどることが難しい時期であることが指摘されています。本章で紹介したポヴィネリらの実験結果がこの現象と関連するかは議論の余地がありますが，"時間"や"記憶"という視点からこの時期の子どもの姿を理解してみることもおもしろいかもしれません。

　心理学の観点から以上のトピックに触れている文献は数多くあります。なかでも，比較的よくまとまっている文献として，**『発達心理学——周りの世界とかかわりながら人はいかに育つか』**（藤村宣之（編著），ミネルヴァ書房，2009年）をあげておきます。これらの文献を入り口として，専門的に調べたい場合にはさらに学術論文の検索へと進んでいただければと思います。また，もう少し臨床的な観点からこの時期の子どもの姿を理解したい場合には**『子どものねがい子どものなやみ——乳幼児の発達と子育て（改訂増補版）』**（白石正久，クリエイツかもがわ，2013年）はいかがでしょうか。発達的な視点をおさえて取り入れられた子どもの写真が理解を助けてくれます。また，**『教育と保育のための発達診断』**（白石正久・白石恵理子（編），全障研出版部，2009年）では，新版K式発達検査で示す反応を中心に，0歳～9，10歳までの子どもの典型的な姿を年

齢別に参照することができ，発達相談等の基本的な視点を学ぶことができます。

◉保育・子育てに活かしたいあなたへ

「3歳児」というキーワードで検索すると数多くの文献がヒットしますが，やはり，発達的な視点をきちんとおさえたものがおすすめです。『**はじめての子育て　育ちのきほん――0歳から6歳**』（神田英雄，ひとなる書房，2008年）に加え，本章でも参照した『**子どもの発達・子どもの世界**』（播磨俊子，法政出版／三学出版，1988／2005年）は，発達から読み取れる子どもの姿の記述が充実していることに加え，保育・子育て真っ只中の読み手をほっこりと温かい気持ちにさせてくれるトーンが共通していると感じます。

また「保育」をつくるという観点からは，この時期の子どもが個々に示す姿に加え，園やクラスという場における子ども間の関係のなかでそれがどのように現れ変化していくかを捉えることが欠かせません。発達研究者による，年齢別の視点を活かしたものとしては『**3歳から6歳――保育・子育てと発達研究をむすぶ　幼児編**』（神田英雄，ひとなる書房，2004年）を，異年齢集団のなかで育ち合う子どもたちの様子としては『**幼児が「心」に出会うとき――発達心理学から見た縦割り保育**』（子安増生・服部敬子・郷式徹，有斐閣，2000年）を，また子どもと保育の様子が目に浮かぶ保育実践記録としては『**0歳から5歳の「集団づくり」の大切さ――ひとりぼっちをつくらない**』（射場美恵子，かもがわ出版，2006年），本章にも引用されている『**子どもたちの四季――育ちあう三年間の保育**』（宍戸洋子・勅使千鶴，ひとなる書房，1990年）をあげたいと思います。

また，保育環境・条件の異なる，全国の様々な園の保育実践について知ることも有益な学びです。年3回発行の雑誌『**現代と保育**』（ひとなる書房）や，月刊誌『**ちいさいなかま**』（ちいさいなかま社）には，定期的に保育実践記録が紹介されたり，3歳児をはじめとする年齢別保育の特集が組まれるなど，明日の保育をつくるうえで参考になるヒントが数多く掲載されています。

終 章

これからの保育・子育て

お母さん大好き！　かけがえのない親子の時間

終　章　これからの保育・子育て

①　「よりよく育てる」ということの罠

（1）子育ての基準を求めてしまう大人

　保育や子育ては，基本的には子どもを「よりよく」育てていくための営みです。これは当然のことなのですが，一方で，私たちは日々子どもに向き合う時，この「よりよく」という部分にとらわれすぎてしまってはいないでしょうか。
　序章にもあるように，「よりよく」という時の「よい」の中身は時代によって変化します。30年前にはよいと信じられていたものが，今ではまったく無意味であるどころか有害であるとすら言われてしまうこともあります。子育てに関する言説は，その時々の社会状況を反映していますから，ものすごいスピードで社会が変化しつつある現代では，子育てに関する言説も多様化し，一般的に「正しい」と言える子育てのあり方や，誰もが認める「よさ」というものは特定できなくなってきています。
　このように，これと言える子育ての基準がない今，私たちはいったい何を頼りにして子どもと向き合えばよいのでしょうか。実は，こうした子育てにおける「よさ」の追求，子育ての基準を求めてしまう私たち大人の志向性そのもののなかに，子どもを理解するにあたっての重要な問題点が潜んでいるように思われるのです。

（2）努力目標としての子どもの発達

　子育てのなかで「よさ」を追求する時，その「よさ」は誰にとってのよさなのでしょうか。親にとって気になりやすいことばの発達を例にして考えてみましょう。一般的には，「1歳で大人の言っていることばの意味をだいたい理解できる」，「2歳で二語文を話すことができる」，「3歳で友だちに『かして』や

▷1　二語文：2つの語を連鎖させた発話のこと。二語発話とも言う。「パパ　バイバイ」（主語 - 述語），「マンマ　チョーダイ」（目的語 - 他動詞），「ワンワン　ネンネ」（行為者 - 行為）などの様々な意味関係を含んでおり，文法的な規則性をもった発話のことを指す。

『ごめんなさい』を言ってやりとりできる」といったことが，標準的なことばの発達であるとして，母子健康手帳をはじめとする公の出版物や育児書・育児雑誌などに記載されています。親は，これらのことがその時期にできていれば安心し，できていなければ心配します。そして真面目な親であるほど，少しでもこうした標準に我が子を近づけようと，絵本の読み聞かせをたくさんしてみたり，同年齢の友だちと遊べる集団の場を子どもに経験させてみるなど，ことばの発達を促すのによいと言われていることをやってみる努力をするでしょう。このような親はたいてい，教育熱心であるとか子育てに一生懸命な親であるとして，周囲からは好意的な評価を得ることが多いのではないでしょうか。

　上に例としてあげた「2歳で二語文を話すことができる」などの命題は，多数の子どもにおいて二語文を話し始めた時期を記録し，その平均値を算出すると2歳であるということを示しています。つまり，1歳4ヵ月で二語文を話し始めた子どももいれば，3歳で話し始めた子どももいるが，平均をとると2歳だというわけです。ですから，保健所の健診などの場面では，親に対して「年齢はだいたいの目安で，早い子も遅い子もいるから焦らなくてもいいのよ」といったことがよく言われます。しかし，そうした物言いからは，焦らなくてもいいけれど，でも，ある時期を過ぎたら子どもは単語ではなく二語文でお話できるようになるべきという信念が伝わってもきます。この場合，子どもの発達に関する記述が，子育てにおける努力目標あるいは目指すべき価値になってしまっていると言えるでしょう。

　一般的に，よい仕事をするためには「計画・実行・反省」が大切だと言われます。目標・目的を明確にした行動計画を立て，その計画を確実に実行し，実行後ねらい通りの結果が得られたかどうか振り返り，考察する。もしかしたら，子どもを「よりよく」育てるという時にも，私たちは知らず知らずのうちに，こうした見方を当てはめてしまっているのかもしれません。この場合の「よりよく」育てるとは，子どもに適切な方法で働きかけることによって，年齢ごとに定められている目標（○○できる）をきちんと達成していく，あるいはできるだけ早く達成するということになります。

終　章　これからの保育・子育て

　こうした見方で子どもを見ると，どうしても子どもの「できる」「できない」ばかりが気になります。そして子どもが「できる」ようになると，それは親（保育者）である私の働きかけがよかったからだと自信をもち，一方で子どもが「できない」と，それは親（保育者）である私の働きかけが悪かったからだと落ち込んだり，あるいは何か他の原因（たとえば，発達障害）があるのではと考えたりするのです。子どもの発達が，何だか大人の働きかけの成果のようです。

　こうした見方における問題点は2つあります。1つは，子どもの発達は，大人の働きかけの結果，子どもが何かを習得するといった，原因・結果の枠組みで捉えられるような単純なものではないということ。もう1つは，子どもの発達について考えているはずなのに，大人の姿ばかりが前面に立って，子どもの内面が見えてこないということです。

(3) 子どもがやろうとしていること

　子どもはなにも，1歳で言語理解できること，2歳で二語文を話すことを目標に生活しているわけではありません。子どもは，ただただ大好きな大人とやりとりすることが心地よいと感じ，もっと大人と関わることを求めているにすぎないでしょう。しかし，大好きな先生にふり向いてほしい，お母さんが笑ってくれたらうれしかったからもっとやってみよう，そうした思いに導かれて声を出し，体を動かすうちに，それらが発語や身ぶりといった形に収斂されていくのです。そういう意味では，大人の反応や働きかけは重要です。でもここでは，子どもの心を惹きつけ，もっともっとやってみたいと思わせるやりとりの魅力や心地よさといったものが前提としてあり，子どもはそこに向かって進んでいくのです。

　子どもの発達とはどのようなものかを私たちに示してくれる興味深い研究があります。図終-1を見てください。これは4人の赤ちゃんのおもちゃへの

▷2　Thelen, E., & Smith, L. B. (1998). Dynamic systems theories. In R.M. Lerner (Ed.), *Handbook of child psychology*, 5th ed. Vol. 1. New York : John Wiley & Sons, Inc. pp. 563-634.

図終-1　4人の乳児におけ

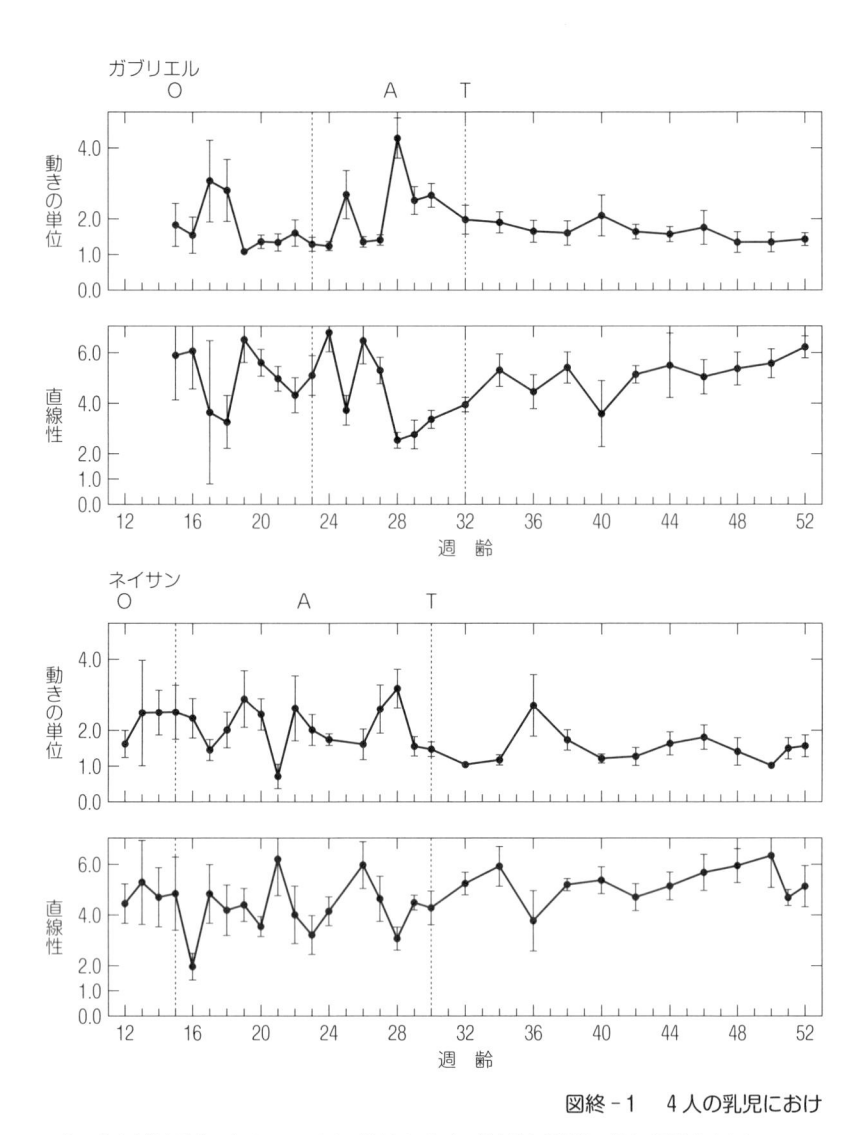

注：┤は分散を示す。上下のバーはその観察回における最高値と最低値，黒丸は平均値を表している。
　　O＝リーチングの初発，A＝活動期，T＝リーチングパターンの安定した時。活動期には運動速度
　　動きの単位は，1より数値が上がる程スピードが速くなったり遅くなったりしてスムーズでない動
出所：Thelen & Smith. (1998). より和訳・修正。

終　章　これからの保育・子育て

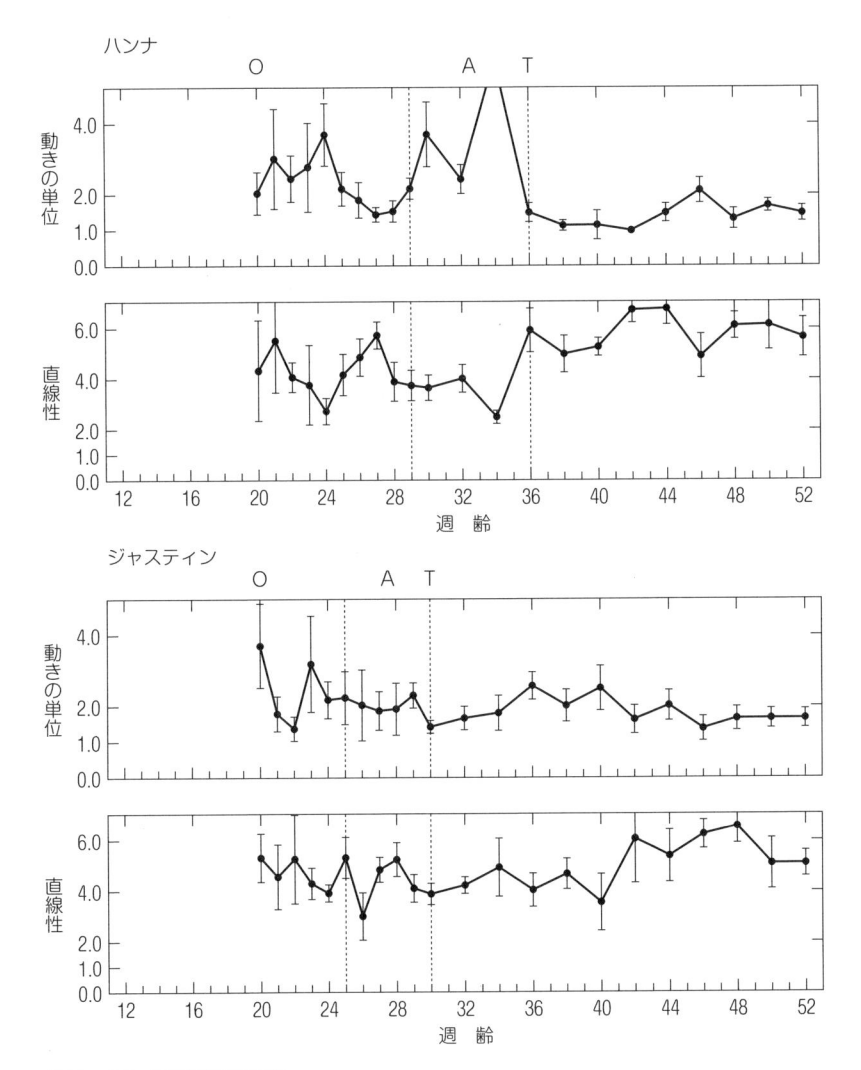

るリーチングの発達的変化

が急激に速くなる等，変数が不安定に変動する。
きであることを示す。直線性は，1より数値が上がる程ジグザグな動きであることを示す。

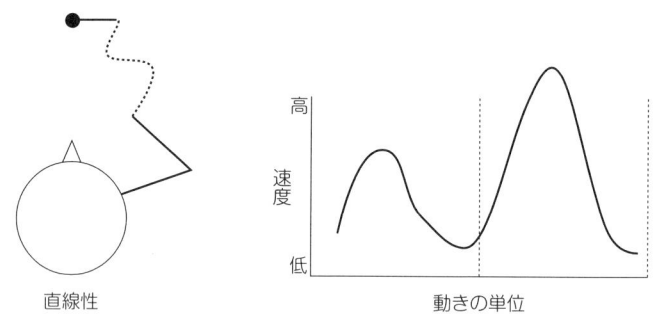

図終-2　初めてのリーチングにおける赤ちゃんの手の動き

注：動きの単位は速度変化をもとに定義される。この図の場合だと動きの単位は2になる。
出所：Thelen & Smith. (1998). より和訳。

　リーチング（目標物をつかもうとそこへ向かって腕を伸ばす動作）が発達する様子を示したものです。観察は，まだリーチングの動きが見られない生後12週から始まり，生後30週までは毎週，その後は2週間ごとに，生後52週まで続けられました。毎回，赤ちゃんの目の前に魅力的なおもちゃが提示され，その時の赤ちゃんの腕の動き（軌道）がビデオ録画されたほか，筋電図を用いて腕の筋肉の活性化の状態や，関節を動かす時の回転や強度などが計測されました。図終-1は，これらの記録を手の動きの直線性とスムーズさという観点からまとめたものです。大人ですと，目の前の物を取ろうとして手を伸ばす時に，その手の軌道（手の通り道）は，始まりからターゲットまで最短の距離を取るよう，まっすぐに手が伸ばされます。これが手の動きの直線性です。また，ターゲットに向かって伸ばされる大人の手の動きには，たった1回の加速と1回の減速があります。これがスムーズさです。この図では，動きの単位が少ないほどスムーズなリーチングであること，直線性が1であれば，大人のように開始地点からターゲットまで完全にまっすぐ手が伸ばされていることを示しています。

　大人のリーチングにおける直線性とスムーズさに比べると，初めてリーチングをしようとする赤ちゃんの手の動きはとても気まぐれです。おもちゃを取ろうとして手を伸ばしているのにもかかわらず，その手はまっすぐおもちゃへと

終　章　これからの保育・子育て

は向かわずジグザグな軌道を通ります。またその動きは，始まったかと思うと止まったり，ゆっくりしていたかと思うと急に速くなったりして一定しません（図終-2）。こうした赤ちゃんのリーチングは加齢とともに上達して，1歳頃には比較的まっすぐでスムーズな動きへと変化していきます。とはいえ，どの子どもも，みな同じように上達するわけではないのです。

　まず図終-1を見てみると，リーチングの開始時期が4人の赤ちゃんでそれぞれに違うことがわかります。赤ちゃんは生まれてから，いいえ，誕生以前からずっと手足を動かし続けています。一方で，赤ちゃんには体の動かし方にそれぞれの個性や好みのようなものがあります。ある赤ちゃんは活発に，大きく，素早く手足を動かすでしょうし，その反対に動きが少なく静かな赤ちゃん，ゆっくりと手足を動かす赤ちゃんもいます。どの赤ちゃんにとっても，魅力的なおもちゃに向かって手を近づけるという課題は同じなのですが，その時にそれぞれの子どもがやろうとしていることは異なっているのです。手を大きく素早く動かすという特徴をもっている子どもは，目標物へと確実に手を到達させるために，その動きの勢いを落とさなければなりません。また動きがゆっくりである赤ちゃんは，重力に抗して腕を前に突き出しまっすぐ保つためにより多くの筋力を使わなければなりません。赤ちゃんは，リーチングが実際に始まる数週〜数ヵ月の間に手を動かす経験を通じて，リーチングに必要な筋肉の使い方を学習しているのではないかと考えられます。リーチングの開始とは，それぞれの赤ちゃんが，新しい種類の手の動かし方を「発見する」ことなのです。そのため，それぞれの赤ちゃんによってリーチングの開始時期が異なるのです。

　さらに，図終-1からわかるもう1つのことは，リーチングは変化し続けるということです。私たちは一般的に，リーチングの発達をできない状態からできる状態へという，たった1回の変化として捉えがちです。しかし実際には，リーチングは，生後1年にわたって，直線性とスムーズさという点において変化し続けるのです。図終-1のガブリエルを例に見てみましょう。ガブリエルのリーチングは，直線性を示す平均値が1よりはずっと高いことから，かなりジグザグと蛇行した，あるいははばたくような動きをしながら手がおもちゃへ

と伸びていることがわかります。これは観察終了時の生後52週でも変わりません。一方動きの単位は，観察の終わり頃には，ほぼ1に近づいていますから，大人のリーチングのように1回の加速と1回の減速がある，スムーズなリーチングへと進歩しています。しかしながらここで注目してほしいのは，その進歩が，不安定な状態から安定した状態へという単純なものではなかったということです。ガブリエルの場合は，観察初期の19週ですでに動きの単位がほぼ1に安定したのですが，23〜32週にかけて再び動きの単位が多くなる不安定な時期に入り，32週からまたゆっくりと1に近い値へと近づいていきました。このように見てみると，ガブリエル以外の子どもにも，リーチング・パフォーマンスの急激な変化・安定・後戻りの時期があることがわかります。

（4）それぞれの子どもにそれぞれの発達のストーリーがある

　リーチング研究によって明らかにされた，こうした子どもの行動変化の特徴は，リーチングの獲得に限らず，子どもの発達全般においても当てはまることなのではないでしょうか。リーチングを獲得するまでに，子どもたちがそれぞれに異なった手の制御の仕方を学んでいたように，周りで話されていることばの意味を理解できるまでに，あるいは二語文を話せるようになるまでに，一人ひとりの子どもが必要としていること，やらなければならないことは，異なっているのかもしれません。取り組んでいる課題は共通なのですが，実際に子どもが解決すべき問題は，それぞれの子どもによって違うのです。

　また子どもの発達には，大人の目からすると，急激に進歩したと思えたり，逆に安定して変化がないと思えたり，あるいは後戻りしたように思えることがあります。たった3日で連続100回もなわとびが跳べるようになる一方で，今までクルンクルン回っていた逆上がりが急にできなくなることがあります。あるいは，大人と1対1の場面ではお話もよくしてくれ，落ち着いてやりとりできるのに，子ども同士の遊びの場面では友だちを叩いてしまう子どももいます。

　そういった子どもの姿がなぜ出てくるのかを理解するためには，一人ひとりの子どもの「これまで」と「今」を，その子ども自身の内面に寄り添う形で読

終　章　これからの保育・子育て

み解く必要があります。ある基準に達したか否か,「できる」か「できない」かといった評価の枠組みからではなく,その子ども自身の発達のストーリーのなかにそうした特定の姿を置いてみると,その姿が出てくる,その子なりの必然性が見えてくるのではないでしょうか。

　一方,そういった個々の子どもの発達のストーリーを"解釈"する方法は,1つだけではありません。つまり,唯一絶対に正しいと言える解釈の仕方があるわけではないのです。むしろ,親の視点からはこう見えるし,保育者の視点からはああ見えるしといった具合に,その子の発達のストーリーは,幾通りもの視点から解釈することが可能です。本書で示した発達心理学的視点もその1つに含まれます。「よりよく」育てるということにとらわれるのをやめた時,子どもの発達は,もっと複雑な色合いをもった,幾通りもの読み方ができる豊かな物語として,私たち大人の前に現れてくるのではないでしょうか。

② 0・1・2・3歳の発達をこう読む

　本書では,0・1・2・3歳という年齢で区切って,それぞれの時期に子どもが見せる姿とそうした特徴がなぜ現れてくるのかを発達心理学的視点から説明してきました。このような構成にすることで,「〇歳の子どもってこんな感じ」というそれぞれの年齢のイメージをつかむとともに,その時期だからこそ子どもが直面する課題や,その時期特有の大人と子どもの関係について理解することができたのではないでしょうか。これらのことをふまえて②では,0～3歳まで各章を関連づけながら,乳児期の子どもの発達と大人と子どもの関係について考えてみたいと思います。

(1) 乳児期の子どもの発達：「我」が生まれるプロセス
　①身体的共振の世界
　赤ちゃんは生まれた当初から関係性のなかに生きています。赤ちゃんは,自分では何もできないのに大人を動かさずにはおかない不思議な力をもった存在

です。その泣き声が，笑い顔が，大人を惹きつけ，魅了し，否応なく関わりを引き出します。しかしその時，赤ちゃん自身は，大人に向かって「こっちにきてよ」とも「さぁ，抱っこして」とも思っていません。ただただ，お腹がすいたとか眠いといった不快な状態が身体上に現れているにすぎないのです。けれども，いつも決まった大人が愛情をもって対応していると，すぐにその人のことを覚えます。そして日々のやり取りを通して，お互いに他ならぬあなたとして認め合う関係をつくり，他でもないその人に"向かっていく"ようになります。

　一方，生まれてから数ヵ月の間，赤ちゃんは他者の動きや情動につられやすく，また他者に起こった出来事をまるで自分のことのように感受してしまうという傾向をもっています。これは音が伝わるしくみに似ています。音は，物体が振動し，その振動が音波として空気中を移動して，別の物体（たとえば人の鼓膜など）を振動させることによって伝わります。幼い時には，周りの人が起こした動きや情動の振動を受けて，赤ちゃん自身の身体もふるえてしまう，つまり共振してしまうのだと考えればよいのではないでしょうか。このような赤ちゃんが生まれながらにもつ共振の傾向には，周囲で起こる出来事の意味や聞こえてくることばの意味を自ら理解・判断して動くことのできない時期であっても，「泣き」を介して節分という行事の一員に組み込まれるというように，自らが属する文化集団へ赤ちゃんを結びつけるという意味がありそうです。ただし，こうした場面においても，赤ちゃん自身には「"わたし"がそこに参加している」という意識はないでしょう。これは，大人の感覚からすると，「我を忘れている」という状態に近いかもしれません。生後数ヵ月の赤ちゃんには

▷3　ここで言う"いつも決まった大人"とは，実の母親である必要はない。第1章にもあるように，重要なのは，大勢の大人が入れ替わり立ち替わり交替で赤ちゃんの世話をするのではなく，少数の決まった大人が"愛情をもって"世話をすることである。

▷4　このお互いに他ならぬあなたとして認め合う関係を愛着関係と言う。愛着の形成過程について詳しくは，常田美穂（2009），乳児期②――人との関係の始まり．藤村宣之（編著）発達心理学――周りの世界とかかわりながら人はいかに育つか．ミネルヴァ書房．p. 33. を参照されたい。

終　章　これからの保育・子育て

「我」はなく，常に目の前の出来事や周りの人の感情と共振することによって，その世界の一部になっていると言えます。

②自我の芽ばえ

これに対して，生後10ヵ月頃，大人との間に三項関係が成立し始めたくらいから，子どもは少しずつ他者や周囲の出来事との共振関係から脱して，個としての主張性をもち始めます。個としての主張性とは，わかりやすく言えば子ども自身の"〜したい"という思いの芽ばえです。行き当たりばったりに"気づいたらやっていた"のではなく，実際にやる前に"〜しよう"と思って行動するようになる。これは乳児期の発達のなかでも革命的な変化です。というのも，"〜しよう"という子どもなりの思いの出現は，自我の発達の側面における質的転換を意味するだけでなく，認識面においても大きく変化していることを示しており，さらには，こうした子どもの側の変化を機に大人と子どもの関係も大きく変わっていくからです。

ハイハイや歩行ができるようになり，自ら移動する手段を手に入れた赤ちゃんは，周りの世界を探索することが断然楽しくなってきます。そして徐々に「お母さんのところまで行こう」「あのテーブルの上に乗っているものが欲しい」といった目標・目的をもって，移動していくようになります。赤ちゃんのなかではそうした"目標・目的"の意識は，最初はぼんやりしたものかもしれません。しかし，その目的が何らかの事情で叶えられない時，"〜したい"気持ちがよりいっそう強まります。

1歳半ばを過ぎると，このような「(〜したいのに)デキナイ」という意識は，今，ここにないものをイメージする力，すなわち表象の発達へとつながっていきます。そして，最初のうちは現前するものへの否定として「〜デハナイ」と泣いていたのが，次第に頭のなかで「〜デハナイ，…ダ」と選び取り，「…ダ！」と自己主張する姿へと変わっていきます。このように自らの意思を他者に対して示すようになったら，それはもうお世話されるばかりの"赤ちゃん"とは言えません。他の誰とも違う一個の人格をもった"子ども"です。

このように「自分の行為は自分で決めたい・自分でしたい」という自己主張

の思いが強くなるのと同時に，子どもには他者を導こうとする自我の働きも表れてきます。相手ができるように教えてあげたり，ちゃんとできると拍手をして励ましてくれたりします。また，相手が困っている状況では，指さしで「ほら，おっちゃん知らんの。あそこにあるでしょ」と言わんばかりに情報を伝えてくれたりもします。このような子どもの姿からは，なかなかの"イッチョ前ぶり"が感じられます。

③大人 v.s. 子ども

しかし一方で，大人の立場としては，こうしたイッチョ前ぶりを示す子どもに対して，ある意味"大人気なく"対決せざるをえない場面が出てきます。大人の意図と子どもの意図がぶつかった時，私たちはつい説得型のコミュニケーションをとりがちです。「ご飯食べないと病気になっちゃうよ」とか「お風呂に入ったほうが気持ちいいよ」などと，その行為をしなければいけない理由を示してなんとか子どもを説得しようとします。確かに大人の主張の方が正しいに決まっています。でも大人が説得しようとするほど，子どもはますますかたくなに抵抗するでしょう。そんな子どもの姿についには大人も堪忍袋の緒が切れて「もう，知らないからね！」と，怒ってしまうことも……。

でも，この時期の子どもの「イヤ！」は，自分の主体性を発揮したいのにできないということに対する抵抗なのです。そう考えると，行為そのものをさせようと説得すればするほど，お互い溝が深くなってしまうのは当然だとも言えます。一般に「第一反抗期」とも言われる2〜3歳の時期は，"真正面"から向き合って子どもに正論をぶつけるのではなく，大人の方が一歩下がって"斜め"の位置から子どもと向き合う方が，うまくいくことが多いようです。それにはやはり，大人の側の余裕が必要かもしれません。

④自立，一歩前

3歳台に入ると，子どもは，それまでとはまた異なる姿を見せるようになります。「大人はダメ！　子どもだけ！」と子どもたちだけで遊ぶようになったり，「お母さんは，××だからダメなんだよ」と大人に向かってだめ出ししたり……。大人からすると，「ちょっと手が離れた，抱っこする回数が減った」

終　章　これからの保育・子育て

とか「なまいきになってきた」などと感じられる時期でしょう。
　1歳半頃芽ばえた表象の力は，この頃，「"2つ"を比べる」力へと発展していきます。「〜デハナイ，…ダ」と"我"を発揮して自己主張する（「…ダ」と選び取る）ことが，「選ぶもの」と「そうでないもの」を頭のなかで並べて，それらの違いや関係を認識することへとつながっていくのです。こうした力は，「大‐小」「長‐短」などの対の概念の理解へ結びつくと同時に，「自分」と「相手」の世界を区分し理解することへも結びついていきます。自分とは異なる「相手」の世界があることに気づいた時，子どもたちは，今までよりほんのちょっぴり優しくなって，相手に気持ちを寄せることができるようになります。こうした子どもの姿はやがて，ことばを通わせ，心を通じ合わせる幼児期の人間関係の土台となっていきます。
　一方「"2つ"を比べる」力は，これから試みる物事の結果を予測する力とも結びついていきます。先を見通して「できる」と思えることに対しては，自信をもって前向きに進んでいく反面，「できない」と思えることに対しては，拒否や尻込みといった後ろ向きな気持ちが表れます。そんな時，子どもたちは急いで大人のもとへ帰ってきます。「ダメ，ヤダ，できない，やって！」と泣いたり，ダダをこねたり……。ついさっきまで「あっち行ってて」と勇ましく大人の助けを拒否していた姿はどこへやら，一転して赤ちゃんに逆戻りしたようです。こんなふうに時には甘え，時には自信満々に「できるつもり」でいろんなことをやりたがるといったように，両方を行ったり来たりしながら，3歳台の子どもは確実に大人の手から離れていこうとしています。

（2）乳児期の大人と子どもの関係
①発達心理学が教えてくれること
　なぜ，ある特定の子どもの姿が特定の時期に現れてくるのか。発達心理学では，このような視点から子どもの姿を観察し，実験を行い，これまでに様々な知見が積み重ねられてきました。これらの研究成果は，子どもの発達のおおよその道筋や方向性を示しはしますが，どの子も必ずこうならねばならないとい

う評価基準として用いられるべきではないと筆者は考えています。そうではない形で，発達心理学が保育や子育てに貢献できるとしたら，それにはどんな形がありうるでしょうか。その1つは，大人と子どもの日々のやりとりを意味づける「解釈のリソース」を提供することなのではないかと思います。

発達心理学の研究成果からわかることは，「子どもは小さな大人ではない」ということです。そんなこと当然だ，何を今さらと思われるかもしれません。しかし，私たちの社会では，子どもに大人の論理を当てはめて，実際には無理なことを子どもに要求していることが実に多い気がします。たとえば，私たちは1歳の子どもに「お友だちにおもちゃを貸してあげなさい」と言ったり，3歳の子どもに「自分でやるって言ったんだから最後までやりなさい」と言ったりします。集団内での協調性や粘り強さなどは，大人の世界では大切なことです。しかし乳幼児にとっては，それははなから無理なことかもしれないのです。

発達心理学の知識は，子どもには子どもの世界があり，そこで子どもが感じていることや思うことは大人とは違うのだということを教えてくれます。言い方をかえれば，子どもには限界があるのです。「〇歳になると××ができるようになる」という記述は，つまり「それ以前はできない」ということを意味します。そして，なぜその年齢より前はできないのか，なぜその年齢になるとできるようになるのかということを知ると，子どもが示す行動の意味が理解でき，子どもの心の内が少し見えてくるのではないでしょうか。

特に乳児期は，子ども自身がことばで自分の気持ちを伝えられない分，大人の方が子どもの行動の意味を読み取り，解釈して対応する必要があります。とはいえ，子どもは，「どうしてそんなに怒るの？」「なぜ今そんなことするの？」と，大人の感覚からすると理解不能な行動をすることが多いものです。そんな時，発達の視点は子ども理解のヒントを提供してくれます。子どもの行動の"なぜ"がわかることは，大人が子どもの世界に近づくことであり，大人の側に大人としての余裕を生むことにもつながるでしょう。

②大人も関係からは逃れられない

先に，赤ちゃんは生まれた当初から関係性のなかに生きていると述べました。

終　章　これからの保育・子育て

　これは大人にとっても同じです。泣いている赤ちゃんを目の前にすると，ふつう私たちは何もしないではいられません。お腹がすいたかな？　オムツが濡れて気持ち悪いかな？　暑いかな？　抱っこしてほしい？　……いろいろ考えて対応します。赤ちゃんが泣き止むとホッとし，笑うとこちらもうれしくなって，今度ははりきってあやしたりしてしまいます。赤ちゃんに操られているとさえ言っていいかもしれません。これは子どもが少し大きくなったとしても同様です。望むと望まざるとにかかわらず対応せざるをえない。赤ちゃん・子どもと一緒に暮らすとは，そういうことなのです。

　このような赤ちゃん・子どもとの関係に，私たち大人は時に疲れてしまうことがあります。子どもがどうやっても泣き止まないとか，してほしくないことをする時など，本当はちょっと一休みしたりして間を置けば，解決策も浮かぼうというものですが，子どもとの関係は待ったなしです。何とかしなければという焦りの気持ちから，つい大きな声で怒ってしまったり，頭ごなしにやめさせるということもあるでしょう。時間が経つと，あの時もうちょっと子どもの気持ちを受け止めてやればよかったと反省するのですが，当の瞬間には，大人自身も子どもとの情動的関係に巻き込まれてしまっているため，自分ではどうしようもなく「そうなってしまった」というのが偽らざるところなのだと思います。

　発達心理学の知識があったからといって，このような子どもとの待ったなしの関係が変わるわけではありませんし，してほしくない子どもの行動がなくなるわけでもありません。でも，発達的視点は子どもの見方を変えます。大人からはしてほしくないことでも，子どものなかでは必然的な行為かもしれません。子どもの行動の"なぜ"がわかったなら，きっと，焦って何とかしなければという気持ちにはならないのではないでしょうか。そして，この時の大人のちょっとした気のもちようが，子どもへの対応をわずかかもしれないけれど確実に変えて，そのことによってやりとりのポジティブな循環が生まれていくのだと思われます。

③発達心理学とおばあちゃんの知恵袋の違い

　子育てに役立つ知恵は，発達心理学という学問によらずとも，世のなかにたくさんあることでしょう。夜泣きにはどうしたらよいとか，友だちと仲良くできる子どもに育てるためにはこうすればよいといった，いわゆる「おばあちゃんの知恵袋」と言われる類のものです。このおばあちゃんの知恵袋と発達心理学とはどこが違うのでしょうか。1つは，おばあちゃんの知恵袋は対症療法だということです。子どもに何か問題が起こった時に，その特定の問題のみを解決するための知恵なのです。ですから，当の問題が解決されたとしてもまた次の問題が起こるかもしれません。またもう1つは，おばあちゃんの知恵袋は基本的にはある個人の経験から引き出されたものだということです。個人の経験なので，その人にとってはうまくいったことも，場面や状況が違えばまったく効果がないということが往々にしてあります。

　これに対して，発達心理学の研究成果は，個人の経験の域を越えて，できるだけ普遍的な子どもの特徴を捉えようとしています[5]。また，多くの研究者により何世紀にもわたって積み重ねられてきた知見は，それなりに子どもの発達の本質を言い当てているでしょう。そこからは，たとえ時代が変わったとしても，子どもを理解するための有益な視点が得られるはずです。さらにもう1つ強調したいことは，発達的に子どもを見ることの利点です。発達的に見るとは，わかりやすくいえば，時間の流れのなかで子どもの行動を理解することです。ある時点で示す子どもの行動は，これまでの子どもの生活経験の結果であると同時に未来へとつながるものです。今ある子どもの行動のなかの何が，その先の子どもの力になるのかを見いだそうとすることが発達的視点です。今は問題と思える子どもの行動のなかに未来につながる大事な力がしっかり眠っていると捉えることができたなら，その行動はもはや大人にとっても問題とはならない

---

[5]　ここで「できるだけ」と限定したのは，たとえ学問であっても，人間の営みの1つであるからには，完全に時代や文化的価値から自由であるとは言えないからである。このことについて詳しく知りたい方には，ガーゲン，K. J., 永田素彦・深尾誠（訳）(2004). 社会構成主義の理論と実践――関係性が現実をつくる．ナカニシヤ出版．がおすすめである。

終　章　これからの保育・子育て

はずです。

　このように発達心理学によって，子どもの見方を少しでも変えることができたなら，そして，そのことによって子どもに対峙する私たち大人のなかに子どもの世界を楽しむ余裕が生まれるとしたら，発達心理学は子どもを育てる大人にとっての「おやつ」のようなものだと言えるかもしれません。おやつを食べると何だかホッとして，ちょっと元気が出るように，発達心理学を学ぶことは保育や子育てに彩りを添え，子どもと過ごす毎日をきっと楽しくしてくれるでしょう。

おわりに：研究者として，親として

　本書を執筆している4人の筆者は，全員が乳幼児期の子どもを育てる親でもあります。私たちは，乳幼児期の子どもを抱えて，人生のなかでもっとも忙しいと思える今，どうしてもこの本を出したいと思いました。なぜなら，子育ての当事者こそが，子どものことについて語る必要があると考えたからです。

　赤ちゃんが家にやってきたその日から大人たちの生活は一変します。「子育てに追われる」とはよく言いますが，まさに毎日が追い立てられるように過ぎていきます。生活においても仕事においてもやるべきことは多く，それらを子どもの世話と並行して行うためには，常に同時に複数のことを考えなければなりません。子どもがいなければ，仕事や家事の能率が上がることは間違いないのですが，それでも私たちはこの子どもたちに出会えたおかげで，よりいっそう豊かな人生が送れていると実感しています。それは私たちが発達研究者であることと無関係ではないと思うのです。

　実は，この本を書き始めた当初，親の視点も織り交ぜて書くことを考えていました。けれど，不思議なことに，文章を書いている間は完全に研究者モードになってしまい，親である自分は出てこないのです。これはもしかしたら，学問のもつ普遍性の追求という側面が，親としての個人的感情とは相容れないためかもしれません。その一方で，実際に生活のなかで子どもに対面し"親業"をしている時には，しょっちゅう研究者の顔が出てきます。子どもの行動を「〇歳児らしいな」と思ったり，「もう完全に表象の段階に入ってるね」なんて専門用語で捉えることもしばしばです。そうすると，たとえ子どもがギャーギャー泣き叫んで怒っていても，ちょっとほほえましく思えることすらあるのです。

　もちろん発達研究者だからといって，子育てが楽にできるわけでも，まして

や子どもがいい子に育つわけでもありません。イライラすることもあるし，あれは子どもに悪かったなと後から反省することも多いです。でも，ひとついいことがあるとしたら，子どもの世界を思う存分楽しめているということでしょうか。

　子育てしながら子どもの世界を楽しむためには，「視点をずらす」ことが必要だと私は思っています。親ではない視点から子どもを見るのです。発達的視点から子どもを捉えることによって，親の思惑とは違う次元にある"子どもの世界"が見えてきます。これは保育においても当てはまることだと思います。自分と子どもが真正面から気持ちをやりとりする関係だけでなく，発達的視点から子どもを見ることによって，子どもの内面を違う角度から，より立体的に理解することができます。そうすれば，子どもにこうなってほしいという保育者個人の願いを越えて，その時期の子どもの発達にとって必要な環境や関わりのあり方といった保育の基本が見えてくるのではないかと思います。

　ともに次世代を育てる親と保育者が，「おやつ」を食べながら，子どもの世界を楽しめた時，子どもたちはきっとそこから楽しみながら生きることを学ぶのではないでしょうか。

　最後に，本書のためにたくさんの写真をご提供いただいたこぶし花園保育園（社会福祉法人こぶし福祉会：香川県高松市）にお礼を申し上げます。子どもたちの豊かな表情が本書に彩りをそえてくれました。また，本書の編集に携わってくださったミネルヴァ書房の西吉誠さんと藤原夏葉さんにも感謝申し上げます。本書は，着想から出版に至るまでの間に全員の著者が職場を移り，第2子・第3子が生まれるといった諸事情を乗り越え，ようやくこうして形になりました。その長い長い道のりの間，焦ることなく，常に私たち著者の力を信じて励まし続けてくださったお二人にこの場をお借りしてお礼申し上げます。

　2012年8月

　　　　　　　　　　　　　　　　　　　　　　著者を代表して　常田美穂

索　引

あ行

愛着理論　59, 60
イクメン　5
意図　80, 85-88, 93, 150
　――性　54
イヤイヤ　9, 12, 187, 188
　――期　8, 77, 186
援助行動　29
応答的な環境　61-63, 65, 69

か行

解発因　97
環境構成　46
関係概念　142
疑似酸味反応　51
気質　12, 32, 33
共振　212
共同注意　56, 79, 105, 125
近代家族　59
久保田正人　39
言語化　131, 151, 152
原始反射　48
好奇心　44, 46, 47, 64, 65
口唇探索　48, 49
行動状態　34
行動調整　182-184
心の理論　125, 180
子育て広場　68
ごっこ遊び　90, 91, 139, 194

さ行

最初期記憶　6
3ヵ月微笑　38
三項関係　56, 82, 105, 106, 125, 213

3歳児神話　5, 59
ジェームズ, W.　40
ジェネラル・ムーブメント　44
塩川寿平　44
自我　98, 99, 129-132, 136, 137, 149, 151, 166, 213
自己コントロール　184
自己主張　95, 101, 113, 124, 128, 131, 136, 152, 155, 166, 187, 196, 213, 215
自己中心性　166
自己認知　125
自他未分化　40, 48, 50, 53
自発的微笑　37
自閉症　81
社会的参照　56
社会的微笑　38
出産　21-23
馴化　41
循環反応　46
象徴　138
　――遊び　57
情動　26-29, 40, 212
　――伝染　28, 29, 51, 104
　――表出　33, 96
情報提供の指さし　133, 134
初語　105
叙述の指さし　133
自立　114, 115, 167, 187, 188, 196
自律移動　95-97, 114
新生児　34-37, 48, 49, 77, 78
　――模倣　50
新版K式発達検査　140, 142, 172, 173
随意運動　48
スピッツ, R. A.　38
生態学的自己　50
生理的微笑　37

223

世代間ギャップ　3
ソーシャル・ネットワーク　59, 60

　　　　　　　た　行

第一反抗期　8, 11, 123, 128, 166, 214
胎児期　20, 44, 48
胎動　45
第二反抗期　11
抱き癖　3, 4
他者理解　81
達成反応　131
知覚的弁別能力　41, 42, 45
中間集団　9
対概念　142, 172, 215
terrible twos　8, 123
トーマス, A.　33

　　　　　　　な　行

内言　184, 185, 194
喃語　42
二項関係　56
二語文　203-205, 210

　　　　　　　は　行

ハイアローザル期　34
パスカリス, O.　41, 42, 45
8ヵ月不安　38
発達概念　7, 8
話しことば　166, 177, 178, 180, 191
ピアジェ, J.　46
人見知り　37-39, 72
表象　6, 57, 89, 100-102, 128, 137-141, 143, 147, 170-172, 174, 186, 194, 215

ふり遊び　144
フリードマン, S. L.　60
保育の質　61
ボヴィネリ, D. J.　168, 169
ボウルビィ, J.　59
歩行　95-97, 99
母子健康手帳　4, 204
ポジティブな養育　61
ホスピタリズム　39
ホメオスタシス　24

　　　　　　　ま　行

マークテスト　168
マルのファンファーレ　126, 147, 153, 194
見立て（つもり）遊び　90, 139
模倣　50, 51, 83-85

　　　　　　　や　行

融即　104-106, 114
有能な乳児　20
誘発的微笑　37
要求の指さし　130, 133

　　　　　　　ら　行

リーチング　209, 210
離乳　3-5
離乳食　25, 31
ロゴフ, B.　9
ロシャ, P.　48, 49

　　　　　　　わ　行

童歌　108
ワロン, H.　28, 129

《執筆者紹介》

松本博雄（まつもと・ひろお）　はじめに，第4章
　　1973年生まれ
　現　在　香川大学教育学部准教授
　主　著　『子どもとつくる0歳児保育――心も体も気持ちいい』（共編著）ひとなる書房，2011年
　　　　　『保育のための心理学ワークブック』（共著）ナカニシヤ出版，2015年

常田美穂（つねだ・みほ）　第2章，終章，おわりに
　　1972年生まれ
　現　在　NPO法人わははネット子育て支援コーディネーター・アドバイザー
　主　著　『発達心理学――周りの世界とかかわりながら人はいかに育つか』（共著）ミネルヴァ書房，2009年
　　　　　『発達心理学・再入門――ブレークスルーを生んだ14の研究』（共訳）新曜社，2017年

川田　学（かわた・まなぶ）　序章，第1章
　　1973年生まれ
　現　在　北海道大学大学院教育学研究院附属子ども発達臨床研究センター准教授
　主　著　『乳児期における自己発達の原基的機制――客体的自己の起源と三項関係の蝶番効果』（単著）ナカニシヤ出版，2014年
　　　　　『遊び・育ち・経験――子どもの世界を守る』（共編著）明石書店，2019年

赤木和重（あかぎ・かずしげ）　第3章
　　1975年生まれ
　現　在　神戸大学大学院人間発達環境学研究科准教授
　主　著　『アメリカの教室に入ってみた――貧困地区の公立学校から超インクルーシブ教育まで』（単著）ひとなる書房，2017年
　　　　　『目からウロコ！　驚愕と共感の自閉症スペクトラム入門』（単著）全国障害者問題研究会出版部，2018年

0123 発達と保育
――年齢から読み解く子どもの世界――

| 2012年8月30日 | 初版第1刷発行 | 〈検印省略〉 |
| 2019年6月20日 | 初版第3刷発行 | |

定価はカバーに
表示しています

著　者	松　常　川　赤 本　田　田　木	博　美　和　啓 雄　穂　学　重 三　弘　勝
発行者	杉　田	啓
印刷者	中　村	勝

発行所　株式会社　ミネルヴァ書房

607-8494 京都市山科区日ノ岡堤谷町1
電話代表　(075)581-5191
振替口座　01020-0-8076

©松本博雄ほか, 2012　　中村印刷・藤沢製本

ISBN978-4-623-06356-7

Printed in Japan

子どもの心的世界のゆらぎと発達　　　　　　A5判／226頁
　　──表象発達をめぐる不思議　　　　　　　本体　2400円
木下孝司・加用文男・加藤義信／編著

〈わたし〉の発達　　　　　　　　　　　　　　A5判／236頁
　　──乳幼児が語る〈わたし〉の世界　　　　本体　2400円
岩田純一／著

子どもの発達の理解から保育へ　　　　　　　　A5判／240頁
岩田純一／著　　　　　　　　　　　　　　　　本体　2400円

共　　感──育ち合う保育のなかで　　　　　　四六判／232頁
佐伯　胖／編　　　　　　　　　　　　　　　　本体　1800円

保育のためのエピソード記述入門　　　　　　　A5判／256頁
鯨岡　峻・鯨岡和子／著　　　　　　　　　　　本体　2200円

エピソード記述で保育を描く　　　　　　　　　A5判／272頁
鯨岡　峻・鯨岡和子／著　　　　　　　　　　　本体　2200円

双書　新しい保育の創造
幼児教育の原則──保育内容を徹底的に考える　A5判／210頁
無藤　隆／著　　　　　　　　　　　　　　　　本体　2000円

双書　新しい保育の創造
保育・主体として育てる営み　　　　　　　　　A5判／296頁
鯨岡　峻／著　　　　　　　　　　　　　　　　本体　2200円

双書　新しい保育の創造
「気になる」子どもの保育　　　　　　　　　　A5判／212頁
藤崎春代・木原久美子／著　　　　　　　　　　本体　2200円

双書　新しい保育の創造
保幼小連携の原理と実践　　　　　　　　　　　A5判／200頁
　　──移行期の子どもへの支援　　　　　　　本体　2200円
酒井　朗・横井紘子／著

──────── ミネルヴァ書房 ────────
http://www.minervashobo.co.jp/